B.A.-BA

Franc-Maçonnerie

Iconographie :
archives de l'auteur

Philippe Lestienne

B.A.-BA

FRANC-MAÇONNERIE

2ème édition

Pardès
9, rue Jules Dumesnil
45390 Puiseaux

DÉJÀ PARUS DANS LA MÊME COLLECTION B.A.-BA

Vampires (3ème éd.) ◇
Monstres aquatiques ◇
Animaux mystérieux
Halloween (2ème éd.)
Lutins
Extra-terrestres-1
Extra-terrestres-2
Monstres
Fantômes
Arts divinatoires
Contes populaires
Magie runique
Jean-Paul Ronecker

Shintô ◇
Chevalerie ◇
Samuraï (2ème éd.) ◇
Templiers (2ème éd.) ◇
Indo-Européens
Au-delà
Jeux Olympiques ◇
Mon
Vikings (2ème éd.)
Cathares (2ème éd.)
Tradition grecque-1
Tradition grecque-2
Bernard Marillier

Dao Yin
Qigong (3ème éd.)
Feng Shui (2ème éd.)
Ayurvéda (2ème éd.)
Chirologie chinoise ◇
Gérard Edde

Numérologie médicale (2ème éd.)
Numérologie chinoise
Numérologie orientale (2ème éd.)
Fleurs de Bach (3ème éd.)
Psychogénéalogie (3ème éd.)
Jean-François Mazouaud

Réincarnation
Soufisme
Anges (2ème éd.)
Mort – 1
Mort – 2 ◇
Islâm (3ème éd.)
Judaïsme
Kabbale
Ancien Testament
Nouveau Testament
Gérard Chauvin

Acupuncture (2ème éd.)
Taoïsme (2ème éd.)
Zen
Bouddhisme (2ème éd.) ◇
Cancer
Jean Fabre

Interprétation astrologique (2ème éd.)
Oghams divinatoires
Synchronicité
Relaxation
Alain Gesbert

Occultisme ◇
Wicca
Néo-paganisme (2ème éd.)
Islamisme
Christian Bouchet

Tradition nordique-1 (2ème éd.) ◇
Karma
Père Noël ◇
Arnaud d'Apremont

Astrologie ◇
Tradition nordique-2
Fées (2ème éd.)
Anne-Laure d'Apremont

Runes (5ème éd.)
A.-L. et A. d'Apremont

Symboles (3ème éd.) ◇
Héraldique (3ème éd.)
David Gattegno

Géomancie
Yi King (2ème éd.)
Marielle-Frédérique Turpaud

Envoûtement (2ème éd.) ◇
Satanisme (2ème éd.)
Jean-Paul Bourre

Mythologie celtique (3ème éd.)
Tradition celtique
Thierry Jolif

Cosmogonies ◇
Hérésies
Roger Parisot

Chronobiologie
Aromathérapie
Bernard Bérigaud

Tradition étrusque
Villes disparues (2ème éd.)
Atlantide
Pays légendaires
Daniel Kircher

Esséniens
Jean-Claude Violette

Numérologie-1 (3ème éd.) ◇
Numérologie-2
Zariel

Tradition égyptienne
Symboles égyptiens
René Lachaud

Homéopathie (2ème éd.) ◇
Jean Barbara

Sexologie
Isabelle Trémoulet

Astrologie énergétique
Ange-Jacques Séno

Oracle Belline (2ème éd.)
Laurence Luyé-Tanet

Guérisons miraculeuses
Fabrice Kircher

Rennes-le-Château
Daniel & Fabrice Kircher

Prodiges
Sciences impossibles
D. Becker & F. Kircher

Naturopathie (2ème éd.)
C. & A. Corvaisier

Mégalithes
Myriam Philibert

Orthodoxie (2ème éd.)
Frédéric Luz

Shiatsu
Violette Melendez

Chiffres
Roger Postiaux

Hypnose (2ème éd.)
Lucien Liroy

Médecine spagyrique
Graal
Patrick Rivière

Immortalité
Vincent Klein

Méditation bouddhique
Érik Sablé

Énergétique-1
Énergétique-2
Edmond Grzegorzewski

Chamanisme (2ème éd.)
Thierry Piras

Astrologie chinoise (3ème éd.) ◇
Natacha Raphaël

Diététique
J.-F. Mazouaud & M.-F. Jambet

Astrologie indienne
Jean Dethier

Colorthérapie
Maurice Chavelli

Chant grégorien
Jacques Viret

Antimaçonnisme (2ème éd.) ◇
Jérôme Rousse-Lacordaire

Tarot (3ème éd.) ◇◆
Carole Sédillot

Grand Jeu de Mlle Lenormand
C. Sédillot & C. Frelaut

◇Traduit en portugais par les éditions Hugin – ◆Traduit en espagnol par les éditions Alcántara

Si vous souhaitez être tenu au courant de la publication de nos ouvrages, il vous suffira d'en faire la demande aux Éditions Pardès, B.P. 47, 45390 Puiseaux. Vous recevrez alors, sans aucun engagement de votre part, le bulletin où sont régulièrement présentées nos nouveautés, que vous trouverez chez votre libraire.

La calligraphie du titre de la collection B.A.-BA est de Christian Zimmermann.

ISBN 2-86714-257-1
ISSN 1245-1916

SOMMAIRE

Table des abréviations employées

DH : Droit Humain
GADLU : Grand Architecte de l'Univers
GLF : Grande Loge de France
GLFF : Grande Loge Féminine de France
GLISRU : Grande Loge Indépendante et Souveraine des Rites Unis
GLNF : Grande Loge Nationale Française
GLSE : Grande Loge Symbolique Écossaise
GLTS-O : Grande Loge Traditionnelle et Symbolique — Opéra
GLUA : Grande Loge Unie d'Angleterre
GODF : Grand Orient de France
LNF : Loge Nationale Française
M & M : Memphis et Misraïm
REAA : Rite Écossais Ancien et Accepté
RER : Régime Écossais Rectifié
SOT : Stricte Observance Templière

AVERTISSEMENT

Lorsqu'on aborde la Franc-Maçonnerie, il faut être particulièrement circonspect. Peu d'objets sociaux ont vu leur perception à ce point brouillée par des enjeux religieux, idéologiques et politiques. Rares sont ceux dont l'intelligence n'a pas été perturbée par des préjugés à son égard, soit par antimaçonnisme, soit par appartenance à l'un des courants rivaux qui la traversent. Pour les antimaçons, la Franc-Maçonnerie ne saurait être que l'antichambre du royaume du Mal, et son histoire, comme ses mythes ou son symbolisme ne peuvent être que les signes d'un sombre complot. Or, si cette diabolisation interdit tout simplement la compréhension du phénomène maçonnique, elle ne saurait masquer les conflits d'école qui opposent entre eux les Maçons. Les origines et le premier siècle de la Franc-Maçonnerie sont des champs de controverses particulièrement brûlantes, parce qu'ils mettent en cause des options idéologiques antagonistes. Comme les sources maçonniques sont très fragmentaires jusqu'à la seconde moitié du XVIIIe siècle, il faut travailler sur la base d'indices ou de présomptions plus que de faits ou de preuves historiques incontestables. Le choix des hypothèses de travail est ici crucial et se trouve largement tributaire d'enjeux idéologiques. Il faut alors les reconnaître, les évaluer avec leur part d'ombre et de lumière pour n'être point dupe en apportant sa propre pierre à la compréhension du phénomène. Ajoutons que pour la Franc-Maçonnerie, qui se veut Ordre initiatique dans la plupart de ses composantes, la légende vient souvent interférer avec les faits historiques, ce qui ne contribue pas à clarifier les choses.

Ce petit livre, qui n'est ni vraiment un essai, ni vraiment un livre historique, même si l'histoire reste fondamentale pour comprendre les évolutions de la Maçonnerie, ne prétend à rien d'autre qu'à l'exposition des thèses en présence, de faits et d'interprétations méconnus, en mettant l'accent sur des recherches récentes et en refusant de s'enfermer dans les positions de telle ou telle école, à égale distance de la diabolisation et de l'apologie.

Il est par ailleurs évident que cet ouvrage, par son format, ne se veut qu'une brève introduction à la problématique maçonnique. Il repose donc sur des choix et ne saurait prétendre à être exhaustif aux yeux du spécialiste.

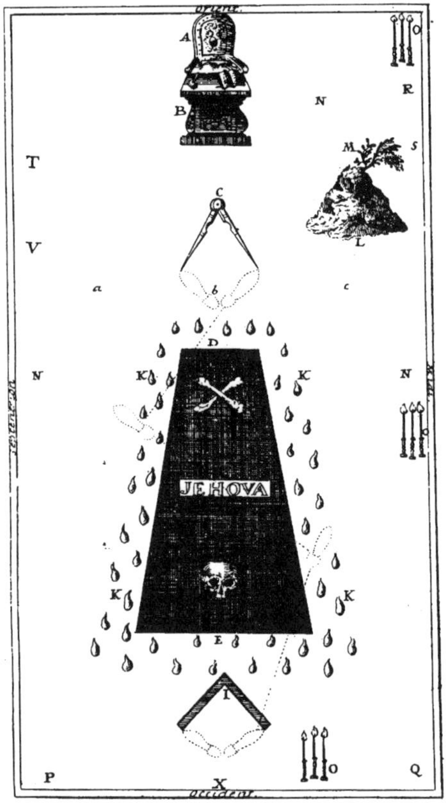

Tableau de Loge de Maître. XVIIIe siècle.

Partie I

FONDATION DE LA FRANC-MAÇONNERIE

Chapitre I

Une origine opérative incertaine

Il n'existe pas de théorie unifiée sur les origines de la Franc-Maçonnerie, mais plusieurs approches concurrentes qui peuvent, si l'on passe sur les variantes, être réduites à deux.

La première, que l'on pourrait appeler la théorie classique, soutient la thèse de la transition progressive de la *Maçonnerie Opérative* (la Maçonnerie de métier du Moyen Âge) à la *Maçonnerie Spéculative* (la Franc-Maçonnerie symbolique et philosophique moderne). La seconde approche, que l'on pourrait appeler la théorie contemporaine, prend appui sur la critique historique pour d'abord rejeter la théorie classique et pour lui substituer ensuite une théorie de l'emprunt sans réelle continuité entre la Maçonnerie Opérative et la Maçonnerie Spéculative. La vérité oblige à dire que chacune de ces approches possède ses points de force et de faiblesse et, si la théorie contemporaine semble aujourd'hui l'emporter dans le monde des chercheurs en maçonnologie, elle est loin d'avoir fait une lumière définitive sur les origines de la Franc-Maçonnerie.

• Des Bâtisseurs du Moyen Âge à la Franc-Maçonnerie moderne : une filiation directe ?

D'une certaine manière, cette approche procède à rebours : elle part des éléments constitutifs de l'organisation, du symbolisme et des méthodes de la Franc-Maçonnerie contemporaine pour rechercher dans le passé toutes les organisations pouvant s'en rapprocher, soit dans le rapport aux métiers de la pierre et de l'architecture, soit dans le rapport aux formes initiatiques, symboliques ou religieuses. Puis, elle refait le chemin inverse en déroulant une suite «*logique*» qui, partant de l'Antiquité, aboutit à la Franc-Maçonnerie moderne, se préoccupant moins de prouver des continuités que de souligner des proximités supposées en tenir lieu. Dès le XVIIIe siècle, ces références se trouvent dans les catéchismes ou instructions des grades maçonniques qui font rarement l'économie d'une «*histoire*» des origines, destinée à prouver la haute antiquité de l'Ordre. Le plus étonnant, c'est que ce corpus historico-légendaire a été repris de manière «*scientifique*» par les très sérieux historiens de la Maçonnerie britannique de la fin du XIXe siècle et du XXe siècle, appuyés sur les travaux de la célèbre Loge de Recherche *Quatuor Coronati n° 2076*, fondée en 1884 par la Grande Loge Unie d'Angleterre. En France aussi, cette approche a eu la faveur des auteurs par démarque des auteurs anglais et sous l'influence croissante de la pensée de René Guénon, pour qui une caractéristique essentielle d'une société initiatique *traditionnelle* est une transmission ininterrompue depuis les origines. Ce dernier point oblige à prouver les filiations et confère à l'histoire des origines de la Franc-Maçonnerie une importance capitale dans son procès en légitimité.

Généralement, et selon les options des auteurs, l'histoire peut débuter en Égypte autour des Constructeurs de Pyramides ou dans la Palestine du roi Salomon autour des Bâtisseurs du célèbre Temple. Ensuite, démarre la «*chaîne d'or*» où se rencontrent, par-delà les siècles, l'Ordre Pythagoricien et les Mystères grecs, les Collegiae d'artisans romains fondés par le roi Numa et étendus au rythme de la constitution de l'Empire romain, les Esséniens et les adeptes de Mithra. Puis, à la charnière de l'Antiquité et du Moyen Âge, la confrérie celtique des Culdéens et les Maîtres Comacins tendent la main aux associations monastiques bénédictines engagées dès le VIIIe siècle dans la construction des édifices religieux de la jeune Chrétienté. De ces dernières naissent ensuite, aux XIe-XIIe siècles, les confréries de métier qui vont construire les édifices romans puis gothiques.

Jusqu'à ce moment du Moyen Âge, on reste largement, il faut bien l'avouer, dans le domaine des conjectures. Les chercheurs, Francs-Maçons eux-mêmes pour l'immense majorité, ont surtout voulu accréditer le légendaire maçonnique en l'étoffant de connaissances précises, mais sans réussir à trouver de preuves décisives. À partir des XIIe-XIIIe siècles, la documentation devient relativement plus abondante et plus précise, ce qui demande un examen plus attentif.

La confrérie n'est pas, à cette époque, un mode d'organisation spécifique des maçons et tailleurs de pierre. Elle est un mode d'association très largement répandu qui répond à la fois à des besoins d'entraide (palliatif aux accidents de la vie, assistance aux malades, aide aux veuves et orphelins, assurance d'obsèques décentes), de convivialité (banquets et fêtes), d'appartenance (costumes, bannières, rites et usages communs) et de spiritualité (culte commun à un saint patron)[1]. Les gens des métiers ne font pas exception à la règle, mais leurs besoins sont sensiblement différents du fait de leurs rôles sociaux, économiques et politiques dans des cités alors en plein essor. Les métiers tendent donc à s'organiser: on parle alors de *métiers jurés* ou de *communautés de métiers* en France, ou de *guildes* dans les pays anglo-germaniques. Cette organisation, que double la confrérie, n'est pas spécifique des métiers de la construction et le *Livre des Métiers*, qu'Étienne Boileau, prévôt de Paris sous Louis IX, publie en 1268, en énumère 101 dans tous les domaines. Ces *métiers jurés* constituent ce que les juristes médiévaux appellent alors des *universitas*, c'est-à-dire des groupes, unis par serment, possédant la personnalité morale leur permettant d'être représentés par des dirigeants librement désignés, d'ester en justice, de posséder des biens et de déterminer en commun leur mode de fonctionnement. Ces *métiers jurés* peuvent être, soit des *métiers réglés* et, en ce cas, ils s'astreignent à respecter les règles, sujétions et redevances de la ville où ils sont confinés, soit des *métiers francs* qui échappent à toute sujétion, possédant, de surcroît, la liberté de circuler. Ces franchises ne peuvent être accordées que par des autorités supérieures à celles des villes, essentiellement la papauté et l'empire avant le XIIIe siècle, puis les diverses monarchies au fur et à mesure de l'affirmation des États.

Les métiers de la construction, maçons, tailleurs de pierre et charpentiers étaient réputés appartenir à ces *francs-métiers*, mais ils étaient loin d'être les seuls. C'est cependant l'une des étymologies retenues pour l'origine du nom «Franc-Maçonnerie».

En réalité, la France ne connaît pas les expressions « Franc-Maçonnerie » et « franc-maçon » avant les années 1720 quand « *freemason* » est rendu par « franc-maçon » après l'introduction sur le continent de la Franc-Maçonnerie Spéculative apparue en Grande-Bretagne vingt ou trente ans plus tôt. Il faut donc chercher en Grande-Bretagne les éléments de la transition affirmée par la théorie classique. Les données sont apparemment solides. Comme ailleurs, les métiers y connaissent une structuration sous forme de confréries et de guildes ; mais, mieux que nulle part ailleurs, des documents ont survécu qui ont permis à la Franc-Maçonnerie moderne de revendiquer la succession de la Maçonnerie de métier. Ces documents sont connus sous le nom de *Old Charges* (« Anciens Devoirs »). Ils représentent environ 130 manuscrits, dont la datation s'échelonne entre 1390 et 1722. Seuls les *Anciens Devoirs* médiévaux vont nous retenir. L'apparition du terme « *freemason* » serait toutefois légèrement antérieure au *Manuscrit Regius*, le plus ancien des Anciens Devoirs. On signale, en effet, à Londres, en 1351, une inscription faisant état d'un « *mestre maçon de franche peer* », expression rendue en français moderne par « *maître tailleur de pierre franche* ». Cette expression renvoie à d'autres indications contemporaines qui parlent de « *freestone masons* » pour désigner les tailleurs d'une excellente pierre calcaire, dont les gisements se trouvaient principalement dans le Yorkshire et qui servait surtout aux sculptures. Par contraction, *freestone mason* fut peu à peu remplacée par *freemason*, d'où la seconde étymologie de « Franc-Maçon », qui ne renverrait plus à la franchise juridique mais à la qualité de la pierre taillée.

Pour en revenir aux plus anciennes *Old Charges*, outre le manuscrit *Regius* de 1390, il faut citer le manuscrit *Cooke* de 1410. Ces pièces vont au-delà de l'organisation du métier en donnant des indications historico-légendaires qui permettent de cerner un imaginaire qui sera intégré par la Franc-Maçonnerie moderne. Certes, les textes n'ont sans doute pas été rédigés par les Maçons médiévaux eux-mêmes mais plutôt par des clercs, seuls à même de maîtriser à la fois l'écriture et les références culturelles du temps, mais il est certain que, travaillant pour les Maçons Opératifs, ils ont transcrit aussi des éléments de leur tradition orale. Ainsi le *Regius* fait-il explicitement allusion à une filiation partant des constructeurs de la Tour de Babel jusqu'à Euclide, en passant par l'Égypte. Il se place sous le patronage des *Quatre Couronnés* – quatre maçons chrétiens martyrisés sous l'empereur Dioclétien et offerts en exemple aux maçons chrétiens du Moyen Âge –, promeut l'obligation de la pratique des Sept Arts Libéraux, dont la Géométrie, et fixe l'obligation du secret professionnel. Le manuscrit *Cooke* développe la légende historique en inscrivant la naissance de la Maçonnerie dans la Genèse biblique sous l'égide de Caïn et de ses fils. Il fait référence à un épisode des *Antiquités Juives* de Flavius Josèphe sur les deux colonnes de la connaissance, destinées à échapper au déluge, mais il fait redécouvrir ces colonnes (détail que ne mentionne pas Josèphe) par Pythagore et Hermès, enrichissant la chaîne des initiés aboutissant à la Maçonnerie. Le *Cooke* fait aussi, le premier, référence explicite à la construction du Temple de Salomon à Jérusalem, précédant la dispersion des Maçons Opératifs vers l'Angleterre *via* la France.

Tous ces éléments ont été développés plus tard par les rituels de la Franc-Maçonnerie moderne, mais encore faut-il expliquer comment on a bien pu passer d'une Franc-Maçonnerie de métier à une Franc-Maçonnerie où les éléments du métier ne sont plus qu'un cadre.

Pour expliquer cette transition, la théorie classique affirme que, à la fin du Moyen Âge, la Maçonnerie Opérative, perçue comme déjà organisée à la manière moderne avec des loges, une structure territoriale et des pratiques rituelles bien définies, entre en crise du fait des circonstances (schismes religieux, guerres de Cent Ans et des Deux-Roses, épidémies de peste, etc.) et voit son assise humaine décliner en même temps que les grands chantiers des cathédrales. Cette évolution aurait été plus précoce, plus rapide et plus définitive sur le continent qu'en Grande-Bretagne. Par exemple, la «*Bauhütte*», organisation des Francs-Maçons Opératifs du Saint-Empire, disparaît au milieu du XVIe siècle à cause de la Réforme protestante. En Grande-Bretagne, en revanche, du fait des conditions insulaires et des traditions conservatrices, le mouvement aurait été plus lent et partiellement compensé par une transformation progressive de l'institution. En effet, comme le résume Roger Dachez, «*des hommes étrangers au Métier, occupant souvent des charges civiles importantes, des intellectuels, volontiers portés aux spéculations issues du courant alchimiste, néo-platonicien, né à Florence au XVe siècle, et de la tradition de la Rose+Croix, diffusée à partir du début du XVIIe, auraient fait leur entrée dans des loges presque moribondes. Ces Maçons acceptés, peu à peu, auraient vu leur nombre augmenter et leur influence grandir, au point de devenir majoritaires, et d'évincer, en quelque sorte, les opératifs, devenus ainsi étrangers dans leur propre institution*»[2]. Ce mouvement aurait culminé lors de la Saint-Jean d'Été 1717 quand quatre loges londoniennes, composées désormais uniquement de «*spéculatifs*», se sont unies pour former la Grande Loge de Londres.

Cette approche classique présentait le charme et la puissance d'un développement logique et chronologique dont le moindre des avantages n'était pas de pouvoir épouser un schéma rigoureux et clair de filiation traditionnelle. C'est cette belle architecture que la critique historique allait faire voler en éclats dans les années 1970.

• La Franc-Maçonnerie, une création d'emblée spéculative?

Une analyse fine des sources n'a pas permis de trouver le chaînon manquant entre la Maçonnerie Opérative et la Franc-Maçonnerie moderne. Les loges maçonniques que l'on découvre en Angleterre dans la seconde moitié du XVIIe siècle sont déjà des loges spéculatives sans lien avec les maçons de métier: jamais on ne voit la cohabitation entre des maçons et des non-maçons. Par ailleurs, une étude serrée a conduit le chercheur anglais Eric Ward à démontrer, en 1978, que les mots *freemason* et *Free-Mason* n'étaient en rien équivalents: le *Free* de Free-Mason signifiant seulement que les nouveaux Maçons sont «libres» à l'égard du métier, c'est-à-dire qu'ils lui sont étrangers. Enfin, une organisation centralisée, organisée sur une base territoriale à la manière des obédiences modernes, paraît hautement improbable pour ce qui concerne la Maçonnerie de métier médiévale[3]. Au Moyen Âge, la loge est un abri de bois ou de pierre, accolé à l'édifice en construction, permettant le travail ou le repos des ouvriers à l'abri des intempéries. Elle n'a pas d'existence ni de structure permanente. Seule l'Allemagne, au XVe siècle, avec les *Statuts de Ratisbonne* de 1459, organisant la Bauhütte, semble vouloir donner à la Maçonnerie Opérative une organisation plus ambitieuse. Mais cette structure germanique, moribonde à la fin du XVIe siècle, n'a pas pu donner naissance à la Franc-Maçonnerie britannique.

Après avoir invalidé les preuves de la continuité entre la Maçonnerie de métier du Moyen Âge et la Franc-Maçonnerie moderne, les chercheurs britanniques ont douté qu'il ait pu exister une filiation entre les deux états de la Maçonnerie. On a émis alors l'idée que la Maçonnerie Spéculative avait délibérément emprunté des traditions et des symboles à la Maçonnerie Opérative, bien qu'il n'y ait nulle continuité entre elles.

Cette thèse apparaît cependant excessive: elle n'explique pas pourquoi des personnes totalement étrangères aux associations corporatives du bâtiment auraient précisément repris, parmi d'autres choix possibles, leurs structures, leurs mythes et symboles pour organiser leur propre association.

Les avancées les plus significatives sont alors venues des travaux d'un universitaire écossais, le professeur David Stevenson[4], qui a complètement renouvelé la vision des origines de la Franc-Maçonnerie Spéculative.

Tout d'abord, il attire fortement l'attention sur le fait que la Grande-Bretagne avant le XVIIIe siècle est divisée entre les royaumes d'Angleterre et d'Écosse, dont les relations et les échanges sont très faibles: Anglais et Écossais se méprisent réciproquement et se font la guerre dès qu'ils le peuvent. Traditions, coutumes, organisation, religion sont différentes et il ne faut jamais déduire de la proximité géographique qu'un phénomène apparu dans un pays puisse facilement se diffuser dans l'autre. Cependant, le système de relation anglo-écossais se modifie progressivement à partir du moment où, en 1603, le roi d'Écosse Jacques VI Stuart devient roi d'Angleterre sous le nom de Jacques Ier. Tout au long du XVIIe siècle, bien qu'ayant le même souverain, les deux États sont administrés séparément (sauf durant l'intermède cromwellien) et, dans les guerres civiles, se retrouvent souvent dans des camps opposés. En 1707, l'Acte d'Union enlève son indépendance politique à l'Écosse, tout en lui conservant une autonomie sociale et religieuse. Petit à petit, les relations anglo-écossaises s'intensifient malgré la méfiance réciproque, et c'est dans ce contexte qu'il faut apprécier l'émergence de la Franc-Maçonnerie moderne.

Si, en Angleterre, l'organisation de la Maçonnerie Opérative est en pleine déliquescence à la fin du XVIe siècle, il n'en va pas de même en Écosse. Entre 1598 et 1599, William Shaw, Surveillant Général des Maçons et Intendant des Bâtiments du Roi, promulgue pour la Maçonnerie écossaise de nouveaux statuts qui vont complètement la réorganiser. Désormais, elle est organisée par un réseau de loges territoriales, disposant de la personnalité morale et chargées d'administrer le métier. Ce sont elles qui délivrent maintenant les deux grades du métier: Apprenti-Entré – *Entered Apprentice* –, obtenu après un apprentissage de sept ans, et Compagnon du Métier – *Fellow Craft* –, signalant l'ouvrier accompli. Dans chaque ville où existe une loge, celle-ci se trouve articulée à l'*Incorporation* qui organise les Maîtres et employeurs et participe au gouvernement de la ville. Cette nouvelle organisation assure la pérennité de la Maçonnerie Opérative écossaise jusqu'en plein XVIIIe siècle.

Si, en Angleterre, on peine à trouver des non-opératifs dans les loges opératives, il n'en va pas de même en Écosse. En 1600, le premier *gentleman mason* est attesté dans la *Mary's Chapel's Lodge* d'Édimbourg; il s'agit du laird John Boswell of Auchinleck. En 1636, apparaît la mention *frie mesones* – équivalente du *free mason* anglais – pour désigner des maçons non manuels, reçus dans les loges. Il importe de ne pas faire de contresens : ces loges maçonniques n'ont encore rien d'ésotérique et les étrangers au métier sont reçus en vertu de l'assistance ou du patronage économique qu'ils peuvent apporter. Surtout, ces étrangers au métier sont des membres purement honoraires de ces loges et semblent ne plus y avoir mis les pieds après leur réception. Mais si ténu qu'il soit, il s'agit d'un lien réel entre la Maçonnerie Opérative et la future Franc-Maçonnerie symbolique. En effet, parmi ces *gentlemen masons* avérés, certains possèdent des caractéristiques intéressantes. Ainsi en va-t-il de Robert Moray, quartier-maître général de l'armée écossaise, reçu maçon en 1641, en compagnie d'un autre général, sur le sol anglais, par des membres de la *Mary's Chapel's Lodge* appartenant aux troupes écossaises qui assiégeaient la ville de Newcastle. Or, ce Robert Moray a laissé des traces qui le montrent, ultérieurement, toujours intéressé par le symbolisme maçonnique et, surtout, incontestablement proche de courants alchimiques, hermétistes et néo-platoniciens.

Ainsi, tout en restant profondément opérative, la Maçonnerie écossaise réorganisée par William Shaw a permis à des individus proches des mouvements ésotériques de l'époque de s'y retrouver. Ceux-ci, peu nombreux, se sont intéressés à cette organisation, à ses rites et symboles encore sommaires où leurs affinités électives pouvaient s'épanouir dans la discrétion. Peu présents dans les loges officielles, ils ne les ont donc pas phagocytées, mais, s'inspirant de leurs usages, ils ont pu créer leurs propres loges parallèles.

C'est alors qu'il devient intéressant de citer l'expérience que rapporte Elias Ashmole dans son *Journal*. Ce dernier, antiquaire, mathématicien (et, à ces titres, participant à la fondation de la *Royal Society)*, mais aussi astrologue et alchimiste, était, pendant la guerre civile, officier d'artillerie dans l'armée royaliste. Le 16 octobre 1646, il rapporte qu'il a été fait franc-maçon, en compagnie de son cousin le colonel Henry Mainwaring, à Warrington dans le Lancashire. Il nomme les personnes se trouvant dans la loge et aucune d'entre elles n'appartenait au métier. C'est la première mention d'une loge non opérative en Angleterre. Mais, comme le souligne David Stevenson : « *Est-ce vraiment une coïncidence si cette première loge connue anglaise apparaît au nord du pays juste cinq ans après la première réunion connue d'une loge maçonnique sur le sol anglais, au cours de laquelle les maçons d'Édimbourg avaient initié deux généraux covenantaires à Newcastle ?... comme c'est souvent le cas, il est impossible d'en avoir la certitude, mais il se peut que les activités des maçons (opératifs ou non) dans les armées écossaises qui occupaient le nord de l'Angleterre en 1640-1 et 1644-7 aient propagé la connaissance de la Maçonnerie dans cette région, et soulevé un intérêt pour celle-ci, certains individus locaux devenant initiés et appelant leurs réunions des loges à la mode écossaise.* »[5]

On peut alors conclure avec Roger Dachez : « *L'Écosse n'a donc pas inventé la Maçonnerie Spéculative. Elle a créé, sous l'impulsion de William Shaw, les structures d'une Maçonnerie Opérative organisée qui servira incontestablement de modèle à la Maçonnerie Spéculative organisée du début du XVIIIe siècle. Elle a surtout fait quelques Maçons non-opératifs qu'elle n'a jamais intégrés en son sein, mais qui, nantis de ce viatique fragile, ont pu en faire un autre usage. Ayant franchi la "frontière du nord" (Northern Border), et prenant pied sur le sol anglais, ils eurent sans doute le loisir de l'y répandre. On peut ainsi comprendre que la Maçonnerie du XVIIe siècle anglais soit d'emblée spéculative...* »[6]

Chapitre II
ÉCOSSE, ANGLETERRE & FRANCE : LE TRIANGLE FONDATEUR

On suit mal le développement des loges spéculatives en Angleterre au début du XVIIIe siècle, mais il est certain qu'elles existaient, assez nombreuses pour que quatre d'entre elles, portant les noms des tavernes où elles se réunissent *(The Goose and Gridiron, The Crown, The Apple Tree, The Rummer and Grapes)*, décident le jour de la Saint-Jean d'Été 1717 de se fédérer en une Grande Loge de Londres. Cette date est généralement considérée comme celle de la fondation officielle de la Franc-Maçonnerie moderne.

Au début, les ambitions de la nouvelle Grande Loge ne vont pas au-delà de l'organisation d'une grande fête annuelle et les Maçons qu'elle rassemble paraissent plus soucieux de convivialité et de divertissement que de philosophie. Mais les circonstances politiques et religieuses, comme la personnalité de ses principaux animateurs vont lui donner une orientation qui en fera plus qu'une simple structure de sociabilité.

• LES PREMIERS PAS DE LA GRANDE LOGE DE LONDRES

Il n'est pas possible de comprendre l'émergence, puis la fortune de la Franc-Maçonnerie londonienne, si l'on ne prend la mesure d'un environnement dont tous les éléments matériels, religieux, culturels et politiques forment système.

Tout d'abord, soulignons que la ville de Londres est sans doute le seul endroit d'Angleterre où l'on trouve des loges de Maçons de métier, au tournant des XVIIe et XVIIIe siècles. En effet, un gigantesque incendie a détruit presque complètement la ville en septembre 1666. Tout est à reconstruire, en particulier les édifices publics et religieux. Les travaux commencent vraiment en 1670 sous la direction de Christopher Wren, architecte en chef du roi Charles II. Ils ne sont achevés que quarante ans plus tard. Dans l'intervalle, ils provoquent l'arrivée d'une masse d'ouvriers spécialisés qui s'organisent naturellement en loges opératives. C'est particulièrement vrai autour du chantier de la reconstruction de la Cathédrale Saint-Paul, démarré en 1675 et achevé en 1710. Surveillées par les pouvoirs publics et par les autorités religieuses anglicanes, ces loges opératives, où ouvriers écossais et irlandais sont nombreux, s'ouvrent progressivement à des *Gentlemen* selon le modèle écossais.

Parallèlement, la situation religieuse en Angleterre est particulièrement complexe et conflictuelle. Résumant à grands traits, nous avons, d'une part, l'Église officielle, dite Église anglicane depuis le schisme d'Henry VIII en 1534. Ses dogmes et son style restent catholiques, mais son organisation est antipapiste. Les Protestants, appelés Dissidents par les Anglicans qui les proscrivent, sont des Calvinistes, eux-mêmes divisés en de multiples sectes rivales dont la plus extrémiste est celle des Puritains. En Écosse, le Calvinisme l'a emporté sous la forme de l'Église presbytérienne ; or, à Londres les Écossais sont nombreux sur les chantiers. N'oublions pas une tenace minorité de Catholiques romains, nombreux chez les ouvriers irlandais, mais aussi dans une partie de la noblesse. Ces Catholiques vivent le plus souvent leur religion dans la clandestinité, mais un certain nombre utilise la proximité dogmatique de l'Anglicanisme comme couverture. L'encadrement religieux des Maçons opératifs ne devait pas être simple, puisqu'il fallait faire travailler ensemble des Irlandais catholiques, des Écossais presbytériens et des Anglais anglicans.

Les troubles politiques que connaît la Grande-Bretagne tout au long du XVIIe siècle et jusque vers 1750 sont intimement liés à cette situation religieuse. Citons, pour mémoire, la guerre civile entre Anglicans et Protestants puritains au temps du roi Charles Ier et de Cromwell, la Glorieuse Révolution de 1688 accomplie par des Anglicans et des Protestants, pour une fois unis, contre Jacques II Stuart, converti au Catholicisme romain. C'est cette même hostilité conjointe au papisme qui aboutit au renversement définitif des Stuarts en 1714, au profit d'une dynastie de princes allemands, bons protestants, les Hanovre. Les cartes religieuses sont alors brouillées par l'enjeu dynastique puisque, sous l'étiquette jacobite (= partisan de la dynastie déchue des Stuarts), on trouve naturellement des Catholiques anglais et irlandais, mais aussi des Anglicans légitimistes et des Écossais presbytériens. Ces derniers sont surtout motivés par l'affront causé par des Anglais à l'encontre d'une dynastie d'origine écossaise et par les conséquences de l'Acte d'Union de 1707 plaçant *de facto* l'Écosse sous souveraineté anglaise.

Londres est au carrefour de ces jeux politico-religieux où les *Tories* (plutôt jacobites) s'affrontent aux *Whigs* (plutôt d'obédience hanovrienne) et les pères fondateurs de la Grande Loge de Londres y sont complètement immergés.

Un dernier élément de contexte, plus culturel, doit être pris en compte pour évaluer l'essor de la Franc-Maçonnerie nouvelle. Les bouillantes controverses religieuses et politiques sont entrées en résonance avec un appétit typiquement londonien d'associations en tous genres. La ville voit une véritable floraison de sociétés et de clubs où les semblables s'attirent pour discuter de politique, d'affaires, de philosophie, de sciences ou de choses plus triviales dans des tavernes où la bière et les chansons viennent cimenter la convivialité. Incontestablement, la nouvelle société va profiter de cette soif d'association. Signalons aussi que, parmi ces nombreuses sociétés, une va jouer, par son influence intellectuelle, un rôle important sur la nouvelle Grande Loge : la *Société Royale de Londres pour l'avancement des connaissances naturelles,* plus connue sous le simple nom de *Royal Society*. Cette dernière est fondée en 1661, sous le patronage du roi Charles II, à partir d'un groupe de savants très liés aux cercles platoniciens de l'université d'Oxford. Parmi ses premiers membres, nous retrouvons des noms déjà rencontrés dans les pages précédentes : Elias Ashmole, Robert Moray, Christopher Wren. L'objectif de la nouvelle société est de répandre un nouvel esprit scientifique qui privilégie l'expérimentation et une vision du monde plus philosophique que théologique. Entre autres choses, les savants et les penseurs de la *Royal Society* se trouvent confrontés aux troubles entraînés par des guerres civiles à fondement religieux. Désespérant de trouver dans les religions qui s'affrontent pour le contrôle de l'État et des nations britanniques l'élément qui permettrait le rétablissement de la paix civile, ils en viennent à rechercher les fondements d'une religion naturelle qui pourrait se superposer aux religions révélées et établir l'harmonie désirée. Dans cette recherche, les idées philosophiques qu'Isaac Newton, membre de la Société depuis 1672 et son président en 1703, développe à l'appui de ses travaux astronomiques sur la gravitation universelle, jouent un rôle important. Il est intéressant de constater que le texte fondateur de la Franc-Maçonnerie, les *Constitutions d'Anderson* de 1723, est empreint de l'esprit de cette religion naturelle chère aux membres de la Société Royale. Il faut souligner les affinités entre les deux organisations au début du XVIIe siècle. Parlons d'abord de Jean Théophile Désaguliers. Né en 1683, c'est le fils d'un pasteur protestant de La Rochelle, ayant émigré en Angleterre peu avant la révocation de l'édit de Nantes. Il est lui-même ministre de l'Église anglicane, mais surtout, c'est un scientifique, un physicien assez renommé pour être élu membre de la Société Royale en 1714 sur proposition d'Isaac Newton, dont il est l'ami intime et le fidèle soutien. Or, Désaguliers est aussi la cheville ouvrière de la nouvelle Franc-Maçonnerie, dont il est Grand-Maître en 1719. Il est considéré comme le principal inspirateur des *Constitutions* que le pasteur écossais James Anderson a signé de son nom… Selon Pierre Méreaux, « *en 1720, environ deux cents personnes font partie de la Société Royale de Londres et une quarantaine d'entre elles sont des Francs-Maçons. Entre 1723 et 1730, l'effectif de la société atteint près de deux cent cinquante affiliés, dont quatre-vingt-neuf membres de la Franc-Maçonnerie. De 1719 à 1743, on comptera parmi les adhérents de la société :*

Treize grands maîtres
Huit grands maîtres adjoints
Cinq premiers grands surveillants
Trois seconds grands surveillants. »[7]

Les liens sont donc étroits entre les deux structures.

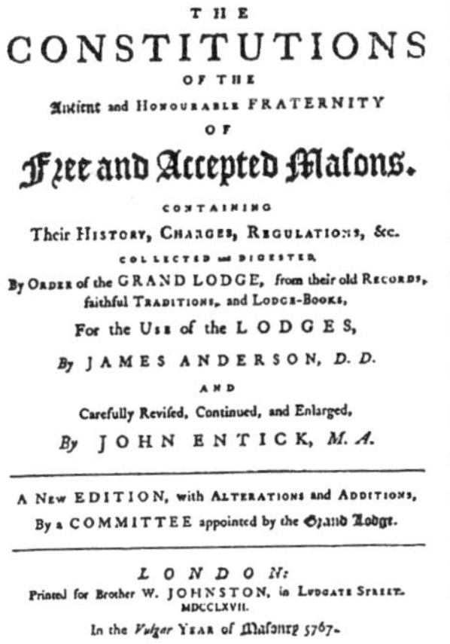
THE
CONSTITUTIONS
OF THE
Antient and Honourable FRATERNITY
OF
Free and Accepted Masons.
CONTAINING
Their History, Charges, Regulations, &c.
COLLECTED and DIGESTED
By Order of the GRAND LODGE, from their old Records, faithful Traditions, and Lodge-Books,
For the Use of the LODGES,
By JAMES ANDERSON, D.D.
AND
Carefully Revised, Continued, and Enlarged,
By JOHN ENTICK, M.A.
A New EDITION, with Alterations and Additions,
By a COMMITTEE appointed by the Grand Lodge.
LONDON:
Printed for Brother W. JOHNSTON, in Ludgate Street.
MDCCLXVII.
In the Vulgar Year of Masonry 5767.

Page de titre des *Constitutions d'Anderson*, édition de 1767.

Ayant en main tous les éléments qui permettent de comprendre l'événement de 1717 et ses conséquences, nous pouvons nous risquer à résumer les premiers temps de la Grande Loge de Londres.

Au tournant des XVIIe et XVIIIe siècles, la ville de Londres voit converger des Maçons spéculatifs issus des loges, la plupart provisoires, qui ont reçu le modèle écossais, et des Maçons opératifs engagés sur le chantier de la restauration de la ville. Bon nombre des premiers sont de bonne naissance, royalistes favorables aux Stuarts déchus, et tous, plus ou moins engagés dans des spéculations où se mêlent intérêts pour l'hermétisme, l'alchimie, la philosophie et des idées religieuses qui refusent désormais les positions extrémistes génératrices de guerre civile. Les Maçons opératifs sont, quant à eux, de bons ouvriers dont les loges se réunissent dans les tavernes à proximité des chantiers. Ils possèdent des rituels sommaires d'agrégation et de progression dans le métier, mais, surtout, ils manient un riche symbolisme qui les rapproche de ces *gentlemen* qui le pratiquent aussi à leur manière. Ils se côtoient d'ailleurs dans les mêmes tavernes. Dans ces temps troublés, les loges londoniennes deviennent également des lieux où se retrouvent les Jacobites pour évoquer les souvenirs du passé ou… pour conspirer. Ceci inquiète d'autres esprits, plus favorables au nouveau régime, mais parfois encore plus souples en matière religieuse. Eux aussi sont séduits par la forme de sociabilité que leur offrent les loges des Maçons. Ils y pénètrent à leur tour. L'hypothèse la plus probable, c'est que la cheville ouvrière de cette pénétration pourrait bien avoir été le pasteur James Anderson. D'une part, il disposait d'une expérience de loge où maçons de métier et *gentlemen* pouvaient se côtoyer. Son père a été, à plusieurs reprises, secrétaire de la loge maçonnique mixte (comprenant des manuels et des non-manuels) d'Aberdeen entre 1680 et 1710. Lui-même, depuis 1710, est le chapelain officiel de la loge opérative se réunissant dans la taverne *The Goose and Gridiron*. Il avait au moins l'opportunité de jouer les passerelles. Autour de 1715, année de nombreux complots et soulèvements jacobites, l'atmosphère se gâte au sein des loges londoniennes entre Jacobites et Hanovriens. Après l'échec du coup de force jacobite, la prise en main s'organise en deux temps. D'abord, les *gentlemen whigs* d'Anderson s'arrangent pour renverser le rapport de forces interne de quelques loges en écartant les opératifs et les Jacobites provisoirement hors jeu. Ensuite, au solstice d'été 1717, les quatre loges déjà citées peuvent être réunies pour constituer une Grande Loge de Londres. Ceci est une innovation absolue dont le principal intérêt est de constituer, au-dessus des loges, une structure qui puisse s'arroger la légitimité de constituer des loges et de légiférer souverainement pour elles en tous domaines. Dès 1721, les premiers affidés proposent d'offrir la grande maîtrise au duc John de Montagu, docteur en médecine, membre de la *Royal Society* depuis 1718 et, surtout, premier lord du royaume, Hanovrien résolu et sans doute, à l'époque, l'homme le plus riche d'Angleterre. C'est placer sans équivoque possible la nouvelle institution sous l'étendard du régime. Le duc de Montagu n'est que le premier d'une longue série de Grands-Maîtres qui seront désormais toujours choisis parmi la haute noblesse et les proches de la dynastie régnante.

Dans les années 1720, tout n'est pas joué. L'épisode de la grande-maîtrise du duc de Wharton en témoigne. Le duc de Wharton est un personnage trouble, tant dans ses mœurs que dans ses engagements politiques ou religieux, du moins est-ce ainsi qu'une certaine historiographie le présente depuis longtemps, peut-être pour lui faire payer le prix de son action. Toujours est-il que c'est en agent d'influence jacobite qu'il apparaît dans l'histoire de la Grande Loge de Londres. Son élection comme Grand-Maître en 1722 apparaît comme une tentative de «*rectification*» jacobite. Contrée par Désaguliers, cette tentative échoue. On retrouve le duc de Wharton en 1724 dans une tentative d'organiser une société secrète rivale de la Franc-Maçonnerie, *l'Ordre des Gormogons*. Exilé pour complot jacobite, il est noté en 1725 comme premier Grand-Maître de la Franc-Maçonnerie à Paris.

D'une manière générale, après cet épisode, la Franc-Maçonnerie britannique épouse étroitement l'ordre social et politique ainsi que les options géopolitiques de l'Angleterre des Hanovre. On suit, en effet, l'expansion de l'Ordre à partir des zones d'influence anglaise, tant vers les colonies d'Amérique où la première implantation est attestée en 1733 à Boston, que vers l'Allemagne à partir du Hanovre dès 1730 (car le roi de Grande-Bretagne est aussi souverain allemand). Cela ne signifie pas pour autant que la prééminence de la Grande Loge de Londres ne soit pas contestée en Grande-Bretagne même.

En Angleterre, la «*querelle des Anciens et des Modernes*» aboutit en 1751 à la constitution d'une Grande Loge rivale, celle des *Antients*. Les racines de ce conflit sont complexes et multiples. Résumons: la création hanovrienne et *whig* de la Grande Loge de Londres s'est accompagnée de deux phénomènes. Sur un plan idéologique et religieux, la nouvelle Grande Loge a éprouvé tout à la fois la nécessité de se rattacher aux *Anciens Devoirs*, pour asseoir sa légitimité, et de s'en démarquer, pour gommer les aspects trop «*catholiques*» des devoirs religieux qu'ils prescrivaient. C'est ainsi qu'une matière épurée des Anciens Devoirs fut mise en forme par Georges Paynes, Grand-Maître en 1718, Jean-Théophile Désaguliers, Grand-Maître en 1719, et signée par le pasteur James Anderson en 1723. Ces *Constitutions d'Anderson* devaient marquer l'orientation idéologico-religieuse de la nouvelle Grande Loge, mais rencontrer l'opposition sourde de ceux qui n'admettaient pas les changements. Par ailleurs, la réorientation idéologique se doublait d'une réorientation sociale: la Grande Loge de Londres s'ouvrait résolument à la haute société aristocratique et financière qui soutenait la monarchie des Hanovre. Celle-ci se considérait comme la *sanior pars* du royaume, différente, par nature, du vulgaire. Il n'était donc pas question de lui faire côtoyer en loge des artisans ou des boutiquiers. Or, il se trouvait qu'un certain nombre de personnes d'un rang social moins élevé avaient reçu la Maçonnerie de manière régulière par l'intermédiaire de Francs-Maçons irlandais émigrés en Angleterre. La Grande Loge de Londres les traitant de haut comme Irlandais, le plus souvent catholiques et membres de classes plus populaires, ceux-ci créent leurs propres loges, puis, le 17 juillet 1751, leur propre Grande Loge. Le moteur de l'entreprise s'appelle Laurence Dermott. C'est un Irlandais catholique, d'abord ouvrier peintre puis marchand de vin, assez cultivé pour être Secrétaire de la Grande Loge des Anciens de 1752 à 1771, puis plusieurs fois Grand-Maître adjoint jusqu'en 1787. C'est aussi l'auteur d'un ouvrage conçu pour faire pendant et pièces aux *Constitutions d'Anderson*, *Ahiman Rezon*, dans lequel il revendique l'héritage direct des Maçons opératifs (*d'où le nom d'Anciens que se donnent les membres de la nouvelle Grande Loge*), une rigueur plus grande dans l'utilisation des rituels et un caractère chrétien affirmé. Cette Grande Loge des Anciens réussit à s'implanter durablement en recherchant, elle aussi, des patronages aristocratiques et en cultivant de bonnes relations avec les Grandes Loges d'Irlande et d'Écosse.

• L'Écosse et l'Irlande: les mères occultées

L'Écosse et l'Irlande peuvent à bon droit être considérées comme les mères occultées d'une grande part de la tradition maçonnique. Pendant longtemps, les chercheurs se sont contentés de répéter la vulgate anglo-saxonne qui voulait que l'Angleterre soit la génitrice unique et incontestée de la Franc-Maçonnerie, le reste du monde l'ayant reçue par son intermédiaire. Depuis une trentaine d'années, le rôle éminent de l'Écosse et de l'Irlande a été grandement réévalué. Sans qu'il soit possible d'être exhaustif, signalons quelques faits d'importance.

Avec les manuscrits du *Trinity College*, l'université protestante de Dublin, l'Irlande possède certains des plus anciens textes de la Maçonnerie Spéculative. Celle-ci y aurait fait ses débuts dans les années 1680 et c'est sur ses bases que la première Grande Loge d'Irlande a été fondée dans les années 1723/1724. Cette Grande Loge est de création indépendante de la Grande Loge de Londres et contribue en toute autonomie, dès ses débuts, à l'essaimage du phénomène maçonnique dans la sphère britannique. Cet essaimage se fait en particulier par les loges militaires, l'Irlande étant grande pourvoyeuse de chair à canon au service de Sa Majesté. La Grande Loge d'Irlande se fait d'ailleurs, au fil du temps, une grande dispensatrice de chartes pour les loges de l'armée britannique. Par leur intermédiaire, comme par celui des Irlandais émigrés, la Grande Loge d'Irlande a créé des loges civiles jusqu'en Nouvelle Zélande. Aujourd'hui, encore plus de 150 loges dans le monde tiennent directement d'elle leur légitimité. Mais, nous l'avons dit, au XVIIIe siècle, les sympathies de la Grande Loge d'Irlande vont à la Grande Loge anglaise des Anciens.

Nous ne reviendrons pas sur les sources écossaises de la mutation d'une Franc-Maçonnerie de métier vers une Franc-Maçonnerie purement symbolique. Vue de Londres, cette maçonnerie écossaise représentait un enjeu de taille, non seulement pour contrôler une des sources de la légitimité maçonnique, mais aussi pour surveiller un nid de possibles Jacobites. La tournée que Jean-Théophile Désaguliers entreprend en 1721 en Écosse et qui le mène à présider la prestigieuse loge *Mary's Chapel* d'Édimbourg peut s'interpréter comme la manifestation d'une volonté de prise en main. De fait, en 1736, 33 loges écossaises se réunissent et adoptent le modèle anglais de Grande Loge, en élisant comme premier Grand-Maître William Saint Clair de Roslin, dernier représentant de la famille héréditaire des protecteurs de la maçonnerie écossaise. Mais si les Écossais s'organisent en Grande Loge, ils n'adoptent pas nécessairement les options anglaises. Ils conservent, en effet, leurs rituels, sans les couler dans le moule andersonien, ce qui les rapproche de fait de la Grande Loge des Anciens. De plus, la fidélité hanovrienne des Maçons écossais est plus que sujette à caution, au moins tant qu'il reste un espoir de restaurer les Stuarts. Comme la Grande Loge d'Irlande, la Grande Loge d'Écosse s'est largement répandue dans l'Empire britannique par ses loges militaires et la diaspora écossaise, au point de chapeauter encore aujourd'hui plus de 1100 loges de par le monde. Mais ce n'est pas ce qui rend l'Écosse importante au regard de l'évolution de la Franc-Maçonnerie.

En effet, l'expression «*maçonnerie écossaise*» renvoie à une autre réalité que géographique. On désigne par cette expression l'univers de ce qu'on appelle les «*Hauts Grades*» de la Franc-Maçonnerie. Parce que des légendes attachées à ces «*Hauts Grades*» font référence à une origine écossaise, on a longtemps cru qu'il en était ainsi. Puis, la critique historique a démontré que l'Écosse n'avait jamais été la terre d'origine de ces Hauts Grades et que ceux-ci, en réalité, étaient apparus en France. Par ricochet, on en a déduit que l'Écosse n'avait rien à voir avec l'«*écossisme*» (autre appellation des Hauts Grades) ; c'était peut-être aller trop loin dans l'interprétation contraire. Selon l'expression d'André Kervella[8], «*il conviendrait de se souvenir que l'on peut être Écossais ailleurs qu'en Écosse*». Et, c'est bien ailleurs qu'en Écosse, en France pour être précis, que des Écossais ont joué un rôle capital dans l'histoire de la Franc-Maçonnerie.

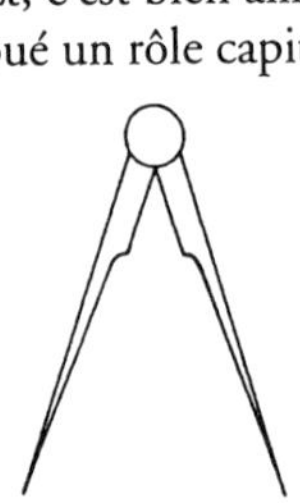

Le compas,
outil du Maître maçon.

• Les débuts de la Franc-Maçonnerie française

Pendant longtemps, on a cru que la Franc-Maçonnerie française avait été directement importée de Londres: la noblesse libérale française, cédant aux délices de l'anglomanie, aurait accueilli avec intérêt cette «*invention anglaise*» vers 1730, et ce n'est que bien plus tard que la Franc-Maçonnerie française aurait pris son indépendance. La réalité est beaucoup plus complexe, et l'on doit à l'historien Pierre Chevallier[9] d'avoir le premier rétabli l'histoire dans sa complexité.

La France a connu la Franc-Maçonnerie par deux voies distinctes et rivales dont l'interaction a profondément modifié le destin de l'Ordre.

Depuis 1688, la France est la terre naturelle d'exil des jacobites britanniques. Année après année, au fil des échecs des complots stuartistes, un flot de réfugiés vient échouer en France en provenance d'Angleterre, mais surtout d'Irlande et d'Écosse. La France, jusqu'en 1748, sert d'ailleurs de base arrière à toutes les entreprises de ces réfugiés qui ne rêvent que de revenir vainqueurs chez eux, leur roi légitime à leur tête[10]. Arrivés en France, ils amènent, bien sûr, leurs habitudes et coutumes. La sociabilité maçonnique fait partie de celles-ci. Une tradition maçonnique bien ancrée et qui a toutes les chances d'être exacte, même si la preuve décisive fait encore défaut, veut que la première implantation de loges maçonniques en France ait été celle effectuée par les loges militaires des régiments écossais et irlandais qui avaient suivi Jacques II Stuart dans son exil de Saint-Germain-en-Laye après l'échec de son invasion de l'Irlande en 1690. Les officiers de ces régiments auraient profité de la nouvelle fraternité d'armes qui les unissait désormais à leurs camarades de l'armée française, où ils avaient été versés par un Louis XIV à court d'effectifs, pour les recevoir dans la fraternité maçonnique, doublant ainsi les liens qui les unissaient. Par ailleurs, recevoir des Français Francs-Maçons pouvait être un excellent moyen de fidéliser des sympathies à leur cause. La cause jacobite étant très populaire en France, et particulièrement dans l'armée, la tâche dut être aisée.

De fait, dès que l'on peut recueillir des documents, dans les années 1720/1730, les loges qui se laissent apercevoir à Bordeaux, Toulouse, Avignon (alors ville du pape) ou Lunéville (capitale du roi Stanislas de Pologne en exil) sont fondées et animées par des Britanniques jacobites. Mieux, à Paris, on a trace d'une Grande Loge en 1725, ce qui suppose qu'il existe sur place plusieurs loges à fédérer. On sait que le premier Grand-Maître de cette Grande Loge est Philippe, duc de Wharton, dont nous avons déjà évoqué le jacobitisme. Après sa mort en 1731, son successeur est un baronnet d'Écosse, James Hector Mac Lean qui, en 1736, cède sa place à Charles Radclyffe, comte Derwentwater, petit-fils naturel du roi Charles II Stuart, qui la tient jusqu'en 1738. Il n'est donc pas exagéré de soutenir que la première imprégnation maçonnique de la France est d'inspiration jacobite, monarchiste et, pour l'essentiel, catholique.

Dans les années 1730, cette Franc-Maçonnerie franco-jacobite devient un enjeu politique, parce qu'elle fournit l'occasion aux sympathisants haut placés de la cause stuartiste de nouer des liens forts pour éventuellement jouer de leur influence sur le pouvoir royal. C'est pour contrecarrer cette influence, et renforcer au contraire celle des partisans d'une entente avec l'Angleterre des Hanovre, que la Grande Loge de Londres s'emploie à patronner à Paris des loges sous son influence. En 1732, Charles

Lennox, second duc de Richmond, réunit à Paris, dans son hôtel de la rue de Buci, une loge destinée à acclimater l'influence directe de Londres. Pour ce faire, il peut s'appuyer sur un courant de sympathie que la noblesse libérale française nourrit à l'égard des idées politiques de la nouvelle Angleterre. Ce n'est pas fortuit, en effet, si le philosophe Montesquieu, séduit par le système politique anglais issu de la Glorieuse Révolution de 1688, se fait recevoir Franc-Maçon à Londres en 1730. Ce duc de Richmond n'est pas une personnalité choisie au hasard : c'est, lui aussi, un petit-fils naturel du roi Charles II Stuart par sa grand-mère, Louise de Kéroualle, en son temps agent d'influence de Louis XIV en Angleterre. Cela en fait un cousin de Derwentwater, Mais là s'arrête la ressemblance entre les deux hommes : Richmond est un Hanovrien convaincu. Ancien Grand-Maître, en 1724, de la Grande Loge de Londres, il peut profiter des domaines qu'il tient de sa grand-mère pour séjourner en France comme il l'entend. Cela en fait l'homme de la situation pour un recrutement essentiellement nobiliaire. Pour preuve supplémentaire de l'intérêt majeur que l'implantation parisienne représente aux yeux de la Grande Loge de Londres et de ses affiliés hanovriens, il faut signaler la présence de Jean-Théophile Désaguliers lui-même, à Paris, en 1735, dans la loge de l'hôtel de Buci.

Nous ne pouvons suivre ici tous les développements du conflit complexe entre les deux tendances de la Franc-Maçonnerie française à ses débuts. Disons que la fortune de la Franc-Maçonnerie jacobite en France a suivi les vicissitudes de la cause stuartiste sur l'échiquier géopolitique européen. Après l'échec de l'entreprise de Charles Edouard Stuart en 1746, conclue par le désastre de Culloden, elle devait petit à petit rejoindre la Franc-Maçonnerie d'inspiration hanovrienne, cette dernière ayant été préalablement « *nationalisée* » par la création de la première Grande Loge de France. Cela dit, l'inspiration jacobite a laissé d'autres traces importantes qu'il faut évoquer.

• La naissance des Hauts Grades

L'origine et la signification de l'apparition des Hauts Grades est l'un des sujets les plus controversés des études maçonniques. Il n'est donc pas question ici de résoudre le problème, nous poserons seulement des jalons en résonance avec notre problématique.

La Franc-Maçonnerie, lorsqu'on l'envisage sous l'angle initiatique, se veut *progressive*, c'est-à-dire qu'elle permet à ses adeptes de progresser par degré dans leur perfectionnement spirituel et philosophique. Ces degrés sont matérialisés par des *grades* initiatiques. Avant 1717, la Franc-Maçonnerie Spéculative retenait à l'identique l'organisation des loges de métier. Celles-ci ne connaissaient que les *grades* d'*apprenti-entré* et de *compagnon du métier*. La qualité de *maître* ne recouvrait pas un grade mais une fonction, celle de président de la loge. Or, dès la fondation officielle de la Maçonnerie Spéculative, un double processus s'engage. D'abord, on recherche une sorte de couronnement au processus initiatique engagé, une sorte de stade terminal qui donnerait toutes les clefs de l'initiation maçonnique. Ensuite, le succès même de la nouvelle société fait vite naître la récrimination que l'on y admettait des gens qui n'auraient pas dû y avoir leur place, soit parce que insuffisamment qualifiés à l'égard de l'initiation, soit parce que d'appartenance sociale peu valorisante. Le processus une fois engagé pouvait se révéler sans fin, car chaque stade créé à partir d'une réflexion sur la légende maçonnique pouvait servir à son tour de point de départ à une autre construction et, d'autre part, d'un point de vue social, les nouvelles strates ne pouvaient indéfiniment être mises à l'abri de Maçons méritants, sinon socialement avantagés.

Ainsi, dès les années 1720, la *maîtrise* tend à devenir un grade à part entière. C'est chose faite en 1730. On parle alors de *Maçonnerie Bleue* pour désigner cette articulation des trois grades d'Apprenti, Compagnon et Maître. Sur cette base, en Angleterre se développent les *side degrees*, que l'on peut traduire par « degrés parallèles » : *Maçonnerie de La Marque* et *Royal Arch*. Ils sont attestés à partir des années 1750. Mais le fait est que c'est la France qui se trouve être la terre d'élection des Hauts Grades. Ils apparaissent dès les années 1730 en plusieurs endroits, notamment à Paris et Bordeaux, sous plusieurs dénominations : *Maîtres Parfaits*, *Élus*, *Écossais*, etc. Leur trace est difficile à suivre et mène parfois vers des destinations inattendues, comme les Antilles françaises ou anglaises. Toujours est-il que, dans ces mêmes années, apparaît, dans des milieux maçonniques étroitement liés aux éléments jacobites, probablement le plus ancien grade chevaleresque de la Franc-Maçonnerie et qui possède l'intéressante particularité d'introduire la référence aux Croisades et la légende templière dans le corpus maçonnique. Ce grade, le *Sublime Chevalier Élu*, est formellement attesté en 1750, mais, selon la démonstration d'André Kervella, de fortes présomptions existent pour qu'il ait pris naissance dans les milieux des Maçons jacobites dès le début des années 1730, peut-être pour organiser une structure plus à l'abri des entreprises des Maçons hanovriens que la *Maçonnerie Bleue*. D'autres auteurs, Antoine Faivre ou Pierre Mollier, ont montré l'importance de l'imaginaire chevaleresque et des Croisades dans la société cultivée de la première moitié du XVIIIe siècle[11]. N'oublions pas qu'en 1683, les Turcs étaient encore sous les murs de Vienne et que, vue par les contemporains, la menace musulmane restait à l'ordre du jour. André Kervella a montré, pour sa part, que le thème de la croisade est très présent chez certains émigrés jacobites qui envisagent leur reconquête de la Grande-Bretagne comme une croisade au service de leur roi et de la religion catholique. L'apparition d'un grade chevaleresque à tonalité templière avec des relents de croisade dans ces milieux n'est pas incongrue. Il n'est pas jusqu'à la référence templière qui pourrait, à première vue, gêner des « papistes » bénéficiant de l'hospitalité du roi de France (on sait le rôle de la papauté et du monarque français dans la chute de l'Ordre du Temple, associés à l'ancienne légende de la vengeance des templiers à leur égard) qui ne puisse se justifier, compte tenu de la duplicité politique dont Rome ou Versailles ont souvent fait preuve à l'égard des entreprises jacobites.

Les chapitres de Sublimes Chevaliers Élus semblent avoir disparu en même temps que les espérances dynastiques des Stuarts, mais ils ont laissé d'importantes traces dans les Hauts Grades maçonniques, car c'est à partir de leurs rituels et, peut-être, en filiation directe, que l'architecture de la *Stricte Observance Templière* s'est construite, de même que le fameux grade de *Grand Élu – Grand Inspecteur Chevalier Kadosh*[12].

Il faut citer aussi l'influence considérable à terme du *Discours* fameux prononcé en 1737 par le chevalier écossais Michel André de Ramsay, alors Orateur de la Grande Loge des Maîtres de Paris, très lié aux Stuarts comme à la Maison de Bouillon (laquelle était alliée aux Stuarts par des liens matrimoniaux), qui orientait nettement la Franc-Maçonnerie vers une dimension chevaleresque, en la rattachant aux Croisades, mais sans introduire, comme on lui en a fait crédit à tort, la thématique templière. Par comparaison, la Franc-Maçonnerie anglo-saxonne «*hanovrienne*» resta longtemps hostile aux Hauts Grades et ne les admit du bout des lèvres que contrainte par un effet de mode. La postérité de ces premiers Hauts Grades est particulièrement abondante, voire anarchique, à partir des années 1750. C'est à travers ces Hauts Grades que de nombreux courants ésotériques, rose-croix, templaristes, kabbalistes, hermétistes, alchimiques ou mystiques pénétrèrent profondément dans le corpus doctrinal de la Maçonnerie, annonçant, en quelque sorte, l'occultisme des temps romantiques et venant nuancer une perception trop rationaliste des *Lumières* maçonniques.

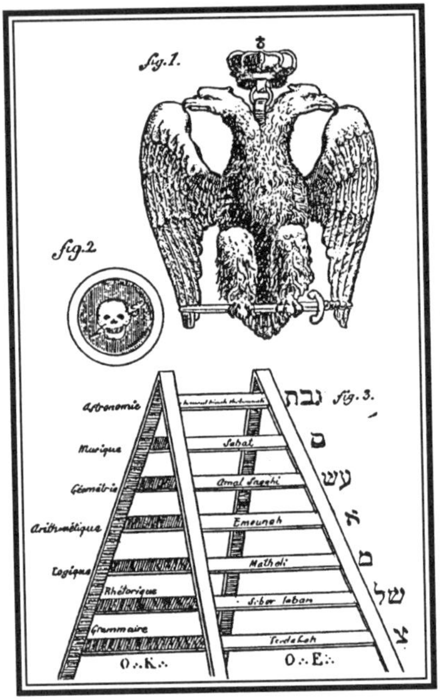

Tableau de Loge du *Grand Inquisiteur Grand Élu-Chevalier Kadosch,* 30e du REAA. Tuileur de Vuillaume, 1830.

L'entrée des Hauts Grades sur la scène maçonnique ne va pas sans poser un certain nombre de problèmes. Leur prolifération quasi anarchique jusque dans les années 1770 ne favorise pas l'organisation de réels cursus de progression ; bien au contraire, ce sont les rivalités de systèmes de Hauts Grades qui prévalent. Enfin, l'établissement des Hauts Grades pose un problème de préséance qui peut se formuler en ces termes : la *Maçonnerie Bleue* forme-t-elle un tout autonome ou doit-elle être soumise aux Hauts Grades ? Ceux-ci à leur tour doivent-ils s'organiser en classes hiérarchisées et selon quels principes ? Les réponses à ces questions n'allaient pas de soi et firent l'objet de virulentes controverses. En 1743, par exemple, à Paris, les membres dirigeants de la Grande Loge, confrontés aux prétentions de *Maîtres Écossais* à diriger l'Ordre, réagissent violemment et leur refusent tout droit à une quelconque prééminence. Deux ans plus tard, sans doute parce qu'ils avaient eux-mêmes entre-temps reçu les lumières de l'écossisme, ils leur reconnaissent une parfaite légitimité. Notons, pour terminer sur ce sujet, que la césure ainsi introduite dans le corps maçonnique entre une *Maçonnerie Bleue* qui, au mieux, serait une sorte de propédeutique à de plus dignes et valeureuses lumières, au pis, serait une sorte de voie de garage pour Maçons indignes d'évoluer, provoque une sorte de «*lutte des classes*» sourde qui traverse le monde maçonnique jusqu'à nos jours et qui explose de temps en temps en prises de position virulentes, tantôt pour dénoncer le caractère fondamentalement non maçonnique des Hauts Grades, tantôt pour en faire la défense et l'illustration.

• De la première Grande Loge de France au Grand Orient de France

À Paris, on date de l'accession à la Grande Maîtrise, lors de la Saint-Jean d'été 1738, de Louis de Pardaillan de Gondrin, duc d'Antin, l'un des rares familiers à jouir de l'accès permanent aux Petits Appartements de Louis XV, la naissance de la Grande Loge de France. En réalité, cette Grande Loge n'est que la réunion épisodique des loges de la capitale. Elle ne se dote que vers 1750 d'un embryon de structure permanente. En 1756, elle revendique officiellement le nom de *Grande Loge de France*, tout en ne représentant toujours que les seules loges parisiennes. Entre-temps, le duc d'Antin, mort en 1743, est remplacé la même année par Louis de Bourbon-Condé, prince du sang, comte de Clermont, abbé de Saint-Germain-des-Prés, Lieutenant-Général des Armées du Roi et membre de l'Académie française. Il conserve sa grande maîtrise jusqu'à son décès en 1771. C'est sous son *règne* que la Franc-Maçonnerie française amorce un développement spectaculaire.

En 1743, le comte de Clermont est intronisé par 22 loges parisiennes. On discerne environ 30 loges dans les provinces et, sans doute, une dizaine de loges militaires. À sa mort, 41 loges parisiennes, 169 loges provinciales, 11 loges aux colonies, 5 loges à l'étranger et 31 loges militaires reconnaissent son autorité nominale. Encore ces chiffres doivent-ils être considérés comme une représentation *a minima* de la densité maçonnique en France, car ils ne tiennent pas compte des loges indépendantes n'ayant jamais fait allégeance, ou de celles ayant fait allégeance à d'autres puissances maçonniques nationales ou étrangères.

- L'apaisement des tensions avec le pouvoir royal

On ne peut pas qualifier le pouvoir royal de persécuteur de la Franc-Maçonnerie. Certes, la nouvelle association peut choquer certains esprits rigoristes, car elle se situe en dehors des cadres légaux et explicitement autorisés de l'Ancien Régime. Le «*secret*», base initiatique de l'Ordre, peut aussi inquiéter et donner à craindre des cabales. De fait, en 1737 et 1745, il y a deux vagues de tracasseries policières. Mais elles restent bénignes et n'aboutissent pas à une interdiction effective de l'Ordre. Il faut dire que les esprits se rassuraient sur le «*secret*» maçonnique: les premières *divulgations du Secret*, notamment celles du Lieutenant de Police Hérault en 1737, à la suite des indiscrétions de la maîtresse d'un Franc-Maçon, et celles connues par la publication du livre *L'Ordre des Francs-Maçons trahi* de l'abbé Pérau en 1742, avaient rassuré. Au mieux, l'insistance des Maçons sur la morale et les vertus les rendait honorables, au pis, symboles et rituels passaient pour des enfantillages entourant des soupers fins et joyeux. Enfin, la présence de représentants de la haute noblesse comme de hauts personnages de l'État au sein des loges rendait ridicules les soupçons de subversion.

Finalement, le pouvoir royal reconnut *de facto* l'Ordre maçonnique qui n'eut jamais à se cacher.

- L'indifférence à l'égard des sentences d'excommunication pontificales

Les rapports avec l'Église romaine sont plus conflictuels. Le 28 avril 1738, le pape Clément XII publie la bulle *In eminenti apostolatus specula* condamnant la Franc-Maçonnerie comme société secrète. Le 18 mai 1751, le pape Benoît XIV récidive par la constitution apostolique *Providas Romanorum Pontificum*[13]. Ces condamnations ne s'appliquèrent jamais en France, selon le principe qui voulait qu'aucun acte du Souverain Pontife ne pouvait être exécuté dans le royaume s'il n'avait reçu l'approbation royale et été enregistré par le Parlement de Paris. Aussi, mis à part le zèle antimaçonnique dont font preuve quelques clercs et prélats, dont le plus célèbre fut l'évêque de Marseille Henry François Xavier de Belsunce, il n'y a pas de sérieux conflits avec l'Église de France. Bien au contraire, les Catholiques français fréquentent les loges sans trouble de conscience et, parmi eux, nombreux sont les gens d'Église, réguliers et séculiers.

- Les conflits autour de l'organisation de la Grande Loge et la naissance du Grand Orient de France

Les dernières années de la Grande Maîtrise du comte de Clermont sont assombries par de violents conflits à l'intérieur de la *Grande Loge des Maîtres de Paris*, dite *Grande Loge de France*, autour de la question du rôle des Hauts Grades dans la direction de l'Ordre et du Vénéralat à vie. Ces conflits byzantins dégénèrent en véritable bataille rangée, débordant sur la rue lors d'une réunion de Grande Loge en date du 4 février 1767. Devant ces troubles, le Lieutenant de Police Sartine, avec l'assentiment, semble-t-il, du comte de Clermont et de ses principaux collaborateurs, défend les réunions de Grande Loge, sans pour autant que cette interdiction s'étende aux loges de la capitale ni aux puissances maçonniques officiant en province.

Après le décès du comte de Clermont, une partie des Vénérables parisiens se tourne vers Anne Sigismond, duc de Montmorency-Luxembourg, premier baron chrétien de France, colonel du régiment de Hainaut Infanterie et Vénérable de la loge régimentaire qui portait son nom, pour trouver une issue à la crise et à l'interrègne de la Grande Loge. Ce personnage est le véritable maître d'œuvre, d'abord de la renaissance de la Grande Loge de France, sous la Grande Maîtrise de Louis-Philippe d'Orléans, pour lors duc de Chartres, puis de sa mutation en *Grand Orient de France,* le 23 octobre 1773. Sous son impulsion, le Grand Orient de France entreprend une œuvre de centralisation et de refonte de la Maçonnerie française.

Cela se traduit d'abord par un vaste mouvement de «*reconstitution*» des loges existantes. À toutes les loges du royaume, il est demandé de faire renouveler leurs constitutions primitives, en leur donnant un délai de deux ans à compter du 27 décembre 1774. Les loges existantes sont donc conviées à préparer le dossier de leurs titres à une existence «*régulière*» et à l'adresser à la nouvelle *Chambre des Provinces* par l'intermédiaire d'un député, souvent choisi dans une loge parisienne, qui avait pour tâche de présenter la demande, d'en surveiller l'examen et, le cas échéant, de défendre la requête. «*Après une enquête confiée à une loge ou aux diverses loges de l'orient*, nous dit Alain Le Bihan, *enquête qui comportait la "vérification du tableau" des membres de le loge requérante, pour leur âge et pour les qualités civiles et maçonniques, et après une inspection des travaux, la Chambre des Provinces entendait l'officier rapporteur de l'affaire...*»[14] et prenait sa décision, qui pouvait être soit l'acceptation soit le refus de reconstitution. Pour les loges naissant après 1773, la procédure est similaire. Il va de soi qu'une loge non reconstituée ou refusée, et elles furent nombreuses, se voyait confisquer ses titres primitifs et disparaissait des rôles du Grand Orient.

Ce mouvement de centralisation et d'uniformisation, conforme à certaines aspirations du temps, eut un réel succès mais doit être relativisé par le maintien d'un certain nombre de puissances maçonniques rivales comme la *Grande Loge de France maintenue* ou la *Mère Loge Écossaise de Marseille*. Toujours est-il que la période allant de 1773 à 1789 est une période où le nombre des implantations maçonniques explose. À la veille de la Révolution, le Grand Orient de France regroupe environ 500 loges pour un effectif estimé à plus de 30000 frères, auxquels il convient d'ajouter les loges militaires, navales, coloniales et d'adoption où de nombreuses femmes, souvent épouses ou sœurs de Maçons, à l'exemple de la plus éminente d'entre elles, la duchesse de Chartres puis d'Orléans, viennent à leur tour «*maçonner*». La Grande Loge de France maintenue dispose encore, quant à elle, d'une centaine de loges en activité en 1789 et l'on ne saurait oublier les loges indépendantes ou dépendantes de petites puissances maçonniques. À la veille de la Révolution, la Franc-Maçonnerie en France est donc un phénomène urbain, massif pour l'époque, qui concerne sans doute au total de 40000 à 50000 hommes et, peut-être, 1000 à 2000 femmes, issus d'un champ social allant des artisans aisés aux grands seigneurs de la Cour. L'importance du phénomène réside dans un caractère exceptionnel de transversalité sociale et d'ubiquité territoriale.

Sceau des *Souverains Princes Rose+Croix* du Rite de Kilwinning. Tuileur de Vuillaume, 1830.

Tableau de Loge des *Souverains Princes Rose+Croix*, 1er appartement, 18e du REAA. Tuileur de Vuillaume, 1830.

L'impétrant.

Tableau de Loge des *Souverains Princes Rose+Croix*, 2nd appartement, 18e du REAA. Tuileur de Vuillaume, 1830.

Chapitre III
La Franc-Maçonnerie, entre Lumières rationalistes et illuminisme mystique

Lorsque l'on aborde la question des rapports de la Franc-Maçonnerie avec la philosophie des Lumières, d'une part, avec ce que l'on n'appelle pas encore l'ésotérisme, d'autre part, il faut rester prudent. Il faut se garder surtout de tout anachronisme en préjugeant de l'état et des options des structures maçonniques aux XIXe et XXe siècles, d'après l'état et les options de la Franc-Maçonnerie au XVIIIe siècle. Il faut se garder aussi d'un effet d'optique dû aux œuvres des historiens, des maçonnologues ou des polémistes contemporains : souvent l'accent est mis sur l'exception, parce qu'elle paraît plus intéressante au regard des enjeux actuels, alors qu'elle peut être parfaitement marginale ou secondaire replacée dans son contexte.

Ainsi en va-t-il, par exemple, de l'exemple fameux de la Loge parisienne des *Neuf Sœurs* à laquelle, dans les années précédant la Révolution française, s'agrégea tout un aréopage d'hommes de lettres, d'artistes, de philosophes et de savants favorables aux idées nouvelles, jusqu'à, consécration suprême, recevoir Franc-Maçon Voltaire, quelques semaines avant sa mort en 1778. Or, cette loge, si souvent mise en avant, lorsqu'il s'agit de souligner le rapport de la Franc-Maçonnerie à la Philosophie des Lumières et, *last but not least*, à la préparation intellectuelle de la Révolution, n'est que l'arbre qui cache la forêt d'une Franc-Maçonnerie française nettement plus conformiste. À l'inverse, il serait tout aussi faux de prétendre que la Franc-Maçonnerie n'a eu aucune part au bouleversement de la culture et des idées du XVIIIe siècle : elle aurait bien été la seule institution à traverser le siècle en apnée. Il importe donc de prendre d'abord la mesure de ce que pouvait bien représenter l'expérience maçonnique pour les gens de l'époque.

L'institution maçonnique fonctionne sur deux registres essentiels : comme structure de sociabilité d'abord, porteuse d'une culture et d'une idéologie implicite, comme structure initiatique enfin.

• La sociabilité maçonnique et son idéologie

Ce qui fait le succès de la Franc-Maçonnerie, c'est qu'elle survient au moment de ce que Paul Hazard a appelé, dans un maître livre, la *crise de la conscience européenne*. Entre la fin du XVIIe et le début du XVIIIe siècle, s'élargissent tous les horizons du savoir, la civilisation européenne amorce un développement planétaire et les manières de diriger les hommes et les consciences nées du double choc de la Réforme protestante et de la Contre-Réforme catholique ne conviennent plus. Les élites instruites prennent leurs distances et s'exercent de plus en plus ouvertement à la critique des fondements de l'ordre qui les insère. Elles le font avec plus de facilité dans les pays protestants que dans les pays catholiques, car les premiers ont déjà fait l'expérience relative et toujours difficile du pluralisme religieux entre les différentes confessions réformées. Nous avons vu, en Angleterre, cet appétit de réunion et de rencontre donner naissance à de nombreuses associations où l'on peut échanger, discuter, entre personnes choisies, de manière plus souple et plus libre que dans les structures officielles. Or, la Franc-Maçonnerie vient offrir un cadre qui permet à cette nouvelle sensibilité des élites de s'épanouir de manière malgré tout ordonnée. Ses loges sont relativement fermées : on n'y admet les impétrants que sur recommandation, ce qui permet de se choisir, et le coût de l'entrée écarte le vulgaire impécunieux et inculte. À l'abri du secret des réunions, on ne risque pas d'interruption intempestive de la part de la foule ou des autorités. On sait que ces dernières craignent surtout les troubles à l'ordre public. Or, les textes fondateurs de la Franc-Maçonnerie ne peuvent que les rassurer : conspirations politiques ou controverses religieuses sont rigoureusement bannies. Quant aux éventuelles contestations sociales, la composition même d'une société qui accueille volontiers l'aristocratie, les gens de pouvoir et les possédants, bref, la *melior et sanior pars* de la nation, suffit à rassurer. À l'intérieur des loges, on est entre gens de bonne compagnie entre lesquels on peut admettre l'égalité. Ne nous méprenons pas cependant, cette égalité n'a rien à voir avec celle que nous connaissons dans l'idéologie du XXe siècle. Elle baigne dans la mythologie de l'*Âge d'Or*, dont la loge est, en quelque sorte, la reconstitution périodique. Pas d'égalitarisme ici : pour ces élites, nourries de culture gréco-latine, l'égalité au sein de la loge a davantage de rapports avec celle régnant entre les *Égaux de Sparte* qu'avec une éventuelle égalité sociale qui leur fait horreur. L'égalité, en loge, n'est qu'une technique qui permet la fusion des intelligences et une convivialité détendue lors des banquets, les *agapes* ou *travaux de tables,* qui constituent partout l'élément indispensable d'une réunion maçonnique réussie. Mais, sitôt la *tenue* terminée, chacun retrouve rangs et privilèges et il ne viendrait à l'idée d'aucun roturier maçon d'aller frapper familièrement en société sur l'épaule de son frère aristocrate.

Si, en Angleterre, les élites ont le choix entre de nombreuses associations, ce n'est pas le cas sur le continent, et, en particulier, en France. Là, moulé dans l'absolutisme louis-quatorzien, on craint plus qu'ailleurs les cabales et toutes les institutions de sociabilité se doivent d'avoir l'aval de l'État et de l'Église. En 1721, il y eut une tentative de créer une société à l'anglaise, avec le *Club de l'Entresol*, à Paris, où l'on examinait toutes les nouvelles idées. Mais, en 1731, craignant d'y voir nourri l'esprit de conspiration, le cardinal de Fleury, principal ministre de Louis XV, le fait fermer. Si les loges maçonniques peuvent, quant à elles, se développer, c'est sans doute parce que le pouvoir y voit davantage de frivolité et de ridicule que de sédition. Toujours est-il que la Franc-Maçonnerie est, en France, la seule institution, non officielle mais tolérée, où les élites nobiliaires ou bourgeoises peuvent se côtoyer.

La Franc-Maçonnerie, cependant, ne concerne pas que l'élite bourgeoise ou aristocrate. Nombreux sont les artisans, les commerçants ou les petits négociants à y pénétrer dès l'origine. Là encore, le besoin de sociabilité est la cause, mais avec d'autres racines et d'autres motivations. Si l'on ne peut négliger l'imitation des formes de sociabilité des classes supérieures, on peut suivre Maurice Agulhon qui donne une piste féconde[15], quand il montre, dans la seconde moitié du XVIIIe siècle en Provence, la relève des confréries de Pénitents par des loges maçonniques, en l'expliquant, en partie, par l'encadrement de plus en plus tatillon de ces vieilles confréries par l'Église. Or, nous l'avons vu, depuis le Moyen Âge, la confrérie est le lieu par excellence d'une sociabilité populaire, urbaine surtout, qui unit le sacré et le profane. Cela ne va pas sans débordement ou pratiques parfois éloignées du dogme catholique, car la sensibilité populaire médiévale charriait des éléments puisant aux anciens fonds païens. Pendant longtemps, l'Église a plus ou moins toléré ces pratiques, parfois même les a sanctifiées. Mais, confrontée à la concurrence de la Réforme protestante et son exigence de référence aux seules écritures bibliques à l'exclusion des éléments crypto-païens, l'Église romaine de la Contre-Réforme a progressivement épuré ses pratiques et imposé un respect plus strict des dogmes. Cette épuration, rationalisation appliquée aux confréries, vise particulièrement les rites festifs dans lesquels se retrouvait la sociabilité populaire. Le prix à payer est une désaffection progressive de l'élément populaire et une entrée en léthargie des confréries trop soumises à l'austère discipline ecclésiastique. Lorsque la Franc-Maçonnerie paraît, elle présente une organisation et des rituels qui peuvent rappeler les confréries, la surveillance ecclésiastique en moins. Ce monde des artisans et boutiquiers va donc constituer des loges maçonniques au fonctionnement différent des loges de l'élite. Moins mondaines et plus rigoristes dans la pratique rituelle, elles sont aussi moins latitudinaires en matière religieuse.

Cette pénétration d'un élément plus populaire ne va pas sans occasionner des conflits au sein du corps maçonnique. Ils permettent de vérifier que l'esprit d'égalité des Maçons souffre de sérieuses limites et certains des grands schismes de la Maçonnerie européenne du temps ont un arrière-plan social non négligeable. La création de la Grande Loge des Anciens en Angleterre, en 1751, se fait nettement à partir d'éléments populaires «*snobés*» par la Grande Loge de Londres. La création de la *Stricte Observance Templière* allemande, dans les années 1770, est en grande partie due à une réaction aristocratique hostile à toute idée de démocratisation de l'Ordre. Il n'y a jusqu'au schisme français entre le Grand Orient de France et la Grande Loge de France maintenue qui n'oppose la haute noblesse libérale au monde des artisans et des boutiquiers parisiens.

Comme le souligne Daniel Mornet, «*l'esprit d'égalité des maçons a été, en effet, fort respectueux de certaines inégalités; et l'on y a compris la fraternité comme la loi contemporaine la comprenait, avec des droits d'aînesse impérieux. On consent que les hommes soient frères, mais seulement lorsqu'ils ont le même tailleur*». [16]

Pour ne parler que de la France en faisant un peu de sociologie, les recherches à travers les documents d'archives montrent que les membres de la noblesse et du clergé forment, au sein du corps maçonnique, un ensemble plus nombreux proportionnellement (25 % environ) que celui qu'ils constituent au sein de la société (2 % environ). Par ailleurs, au sein du tiers état, les loges recrutent en priorité dans les professions libérales, les gens de négoce, le personnel de l'administration judiciaire et financière, tous gens férus de privilèges concrets et qui, pour une bonne part, aspirent à se hisser au niveau de la noblesse. La place reste donc modeste pour les artisans et commerçants, inexistante pour les domestiques, sauf parfois comme *frères servants* (Maçons de rang inférieur destinés au service dans la loge), totalement inexistante pour les ouvriers ou les paysans.

Les méthodes d'exclusion ne sont pas toujours explicites mais concourent au même but élitiste. La localisation des loges dans les villes exclut, de toutes façons, les ruraux. L'obligation de signer les procès-verbaux des délibérations en loge rejette les nombreux analphabètes. Il faut noter aussi la dissuasion par l'argent: en 1781, par exemple, pour être initié aux trois premiers grades, un bourgeois de Charleville devait débourser 57 livres, soit 4 mois de salaire d'un ouvrier de la manufacture d'armes de la même ville[17].

Tous ces filtrages sociaux font qu'effectivement l'affiliation à l'Ordre devient un signe de reconnaissance entre ceux qui, par leur naissance, leur mérite et leur fortune, sont des «*gens de qualité*». Mais attention, même *Frères*, on ne fréquente pas nécessairement le même monde et les mêmes loges. Dans chaque ville, plusieurs loges recouvrent la hiérarchie sociale: marquis, marchands, médecins et artisans pouvent être frères, mais pas dans les mêmes loges.

Il ne faut donc pas se laisser prendre au piège des mots. Si l'Ordre maçonnique revendique fièrement la création d'une «*sublime et heureuse école pour la douce et consolante égalité*», il faut plus y voir une résurgence de l'idéal d'égalité de l'Âge d'Or[18], que ses membres se flattent de recréer au sein des loges, qu'un idéal social révolutionnaire. En réalité, les Francs-Maçons mettent, pour la plupart, un point d'honneur à combattre la «*confusion des états*» dans les loges et la vulgarisation du recrutement qui conduisent, selon eux, à l'avilissement de *l'Art Royal*. Les archives maçonniques sont pleines de récriminations où des loges de l'élite fulminent des excommunications contre d'autres loges dont le recrutement social ne leur convient pas.

• La Franc-Maçonnerie, ordre initiatique ou ordre de société?

Parler de la Franc-Maçonnerie au XVIIIe siècle comme *ordre initiatique*, c'est projeter sur elle une catégorie, née avec l'ésotérisme et l'occultisme du siècle suivant et dont elle n'avait pas l'usage parce qu'elle n'en avait pas la conscience. Le mot initiation n'est presque pas employé dans les textes et les rituels du temps. Les Anglo-Saxons emploient l'expression «*faire un Maçon*» lorsqu'ils agrègent un néophyte et les Français parlent le plus souvent de *réception*. Cela dit, on trouve dans les rituels et *catéchismes*[19], comme dans les rites d'entrée et de progression dans les structures maçonniques, un symbolisme, des pratiques et des références incontestablement d'ordre initiatique. C'est ainsi que dans le *Rite Français*, codifié dans les années 1785-1786 mais pratiqué sous différentes variantes bien avant, le néophyte fait des voyages «*initiatiques*» qui le purifient successivement par les quatre éléments et boit le *calice d'amertume* censé le rappeler à lui-même. Dans le *Rite Écossais Rectifié*, définitivement codifié en 1782, le catéchisme renvoie très explicitement au canevas initiatique: «*Qu'est-ce que la Franc-Maçonnerie? — C'est une école de vertu et de sagesse qui conduit au temple de la Vérité, sous le voile des symboles, ceux qui l'aiment et qui la désirent — Quels sont ses mystères? — L'origine, la fondation et le but de l'Ordre — Que venez-vous faire en loge comme apprenti? — Je viens apprendre à vaincre mes passions, à surmonter mes préjugés et à soumettre ma volonté pour faire de nouveaux progrès dans la Franc-Maçonnerie.*» Mais lorsque l'on rapproche ces textes des échos de la pratique maçonnique vécue par les Francs-Maçons du temps, on s'aperçoit que la dimension initiatique est parfois loin d'elle.

Les pratiques de sociabilité, reliées aux réseaux sociaux que l'on tisse dans sa ville ou au hasard de ses voyages, sont certainement premières. Et les conflits qui déchirent souvent les loges, quand ils n'ont pas des racines sociales opposant la «*melior et sanior pars*» aux basses couches de la société maçonnique, prennent leur source dans des oppositions affectives qui ont vite fait de transformer l'amour fraternel en haine inexpiable entre gens qui se connaissent trop bien. Pour ce qui concerne les centres d'intérêt intellectuels, philosophiques ou politiques, les Francs-Maçons français, comme leurs frères européens, sont d'un conformisme à toute épreuve. Tous les textes d'archives montrent l'attachement à la religion et au monarque : les fêtes religieuses sont célébrées, parfois en grande pompe, et tous les événements qui affectent les familles royales — naissances, mariages, décès — font l'objet de démonstrations de loyalisme grandiloquentes, à la mode du temps. Même la sulfureuse loge des *Neuf Sœurs* fait célébrer en 1777 une messe et un *Te Deum* pour rendre grâces à Dieu de la guérison de son Grand-Maître, le duc de Chartres. Tout juste peut-on discerner dans le vocabulaire employé ici ou là la transformation de la charité chrétienne en bienfaisance humanitaire, ou dans les titres distinctifs de certaines loges — comme celle des *Préjugés vaincus* de Guéret — des relents des idées nouvelles. Mais il ne faut pas s'y tromper, la Franc-Maçonnerie n'est pas motrice dans ce mouvement : l'élaboration des Lumières philosophiques se fait ailleurs, dans les salons éclairés, l'entreprise de l'Encyclopédie où l'on n'a repéré qu'une dizaine de Francs-Maçons sur près de 160 collaborateurs ou les Académies de Paris et de province. La Franc-Maçonnerie française n'en reçoit qu'une imprégnation progressive comme l'ensemble de la société française. Daniel Roche souligne que la tentation encyclopédique, savante et philosophique existe au sein de certaines loges qui l'affirment par leur titre distinctif, leur type de recrutement ou une volonté d'intellectualisation, mais elle ne représente qu'une minorité dans un corps maçonnique qui ne brille pas par sa production idéologique ou scientifique[20].

À l'autre extrémité, il en va de même pour les préoccupations ésotériques. Il faut distinguer ici les caractères éventuellement ésotériques de la Franc-Maçonnerie et les préoccupations des Francs-Maçons à l'égard de l'ésotérisme. Le mot « ésotérisme » lui-même ne date que du début du XIXe siècle. Avant, on parle plutôt de *philosophia perennis*, de Philosophie Occulte, de Philosophie tout court (le mot, au XVIIIe siècle, est encore beaucoup employé au sens alchimique). Dans les rituels et la mythologie maçonniques, surtout dans les Hauts Grades, on trouve, à côté des développements bibliques, des indices de cette « *chaîne d'or* » des initiés qui se tend des mystères grecs et égyptiens aux illuminés chrétiens du siècle, en passant par les hermétistes, les ordres de chevalerie, les alchimistes, les néoplatoniciens de la Renaissance, etc. La plupart des Maçons d'Ancien Régime sont plus sensibles au déroulement d'un rituel qu'à ses références, parfois obscures, dont ils ne maîtrisent pas toujours les racines. L'ésotérisme est alors, en quelque sorte, *passager clandestin*. Ceci dit, de même qu'une faible fraction de cette Franc-Maçonnerie cultive les Lumières philosophiques, une autre fraction va cultiver en conscience un illuminisme ésotérique. Ce phénomène est nettement plus continental que britannique, Français et Allemands pouvant s'en partager la paternité. Donnons-en deux aperçus.

Le premier concerne les grades de *Rose+Croix*, *Chevalier Rose+Croix* ou *Souverain Prince Rose+Croix*, respectivement 18e degré du Rite de Perfection et 4e Ordre du Rite Français. Leur origine provient du courant rosicrucien apparu dans l'Allemagne protestante au début du XVIIe siècle. Au XVIIIe siècle, ils se présentent comme des grades d'inspiration à la fois christique et alchimique, ce que matérialise leur *mot sacré*, I.N.R.I., qui peut s'entendre à la fois comme les initiales de *Iesus Nazareus Rex Iudeorum* — panneau apposé sur la Croix, selon les évangiles canoniques — et de *Igne Natura Renovatur Integra* — maxime alchimique. En Allemagne, une société initiatique animée par le pasteur Samuel Richter, alias Sinceratus Renatus, la *Rose+Croix d'Or*, naît dans le première moitié du siècle au sein d'un milieu protestant où convergent tradition alchimique, théosophie böhmienne, vestiges du premier rosicrucianisme. Or, cette société considérait la Franc-Maçonnerie des Grades Bleus comme une préparation pour ses postulants, entretenant de ce fait avec elle des relations étroites.

Bijou du *Souverain Prince Rose+Croix*, 28e du REAA. Tuileur de Vuillaume, 1830.

Puisant à la fois dans le même fond théosophico-alchimique, mais l'enrichissant fortement de la légende chevaleresque et templière, la *Stricte Observance Templière* a profondément marqué l'imaginaire maçonnique. Le rite et l'organisation maçonniques fondés par Carl Gotthelf von Hund und Altengrotkau en 1751 sont des plus intéressants. D'une part, la SOT prétend s'inscrire dans la filiation directe de l'Ordre du Temple, au point qu'elle envisage très sérieusement d'en revendiquer les biens terrestres aussi sûrement qu'elle en revendique l'héritage spirituel et ésotérique. D'autre part, elle fait de la Franc-Maçonnerie historique, opérative comme spéculative, l'abri au sein duquel l'Ordre du Temple poursuit en secret son existence, ce qui lui permet de s'attribuer une supériorité morale et historique sur les autres branches de la Maçonnerie. Ce n'est pas par hasard si elle se désigne comme «*stricte observance*» par comparaison avec des «*observances*» maçonniques supposées plus «*relâchées*». Phénomène renforcé par le caractère nettement plus élitiste, voire aristocratique, de son recrutement. C'est à partir de la SOT que l'imaginaire templier se répand, en réinterprétant les accusations autrefois portées contre l'Ordre pour le diaboliser comme autant d'indices de secrets initiatiques et alchimiques maintenus clandestinement en Écosse par une hiérarchie de Supérieurs Inconnus au sein de laquelle la dynastie royale des Stuarts aurait joué un rôle capital. L'influence de la SOT fut d'autant plus grande qu'elle a su mobiliser de nombreux membres de familles régnantes d'Allemagne ou de Suède, mais, rapportée à l'ensemble de la Franc-Maçonnerie européenne, elle reste un phénomène marginal. Dans le courant des années 1770, de nombreuses crises secouent la SOT, dues à des conflits de personnes et d'ambitions, comme c'est banalement le lot des organisations maçonniques, mais aussi à des scandales occasionnés par l'action de véritables escrocs et par l'incapacité de von Hund à prouver matériellement sa filiation. Or, depuis 1772, deux Français, le Lyonnais Jean-Baptiste Willermoz et l'Alsacien Jean de Türckheim, s'intéressaient de près à la SOT, dans laquelle ils voyaient un rempart dressé face aux tentations rationalistes auxquelles la philosophie des Lumières pouvait soumettre l'Ordre maçonnique. Les crises traversées par la SOT leur permirent de la réformer en transformant son étage templier en *Ordre des Chevaliers Bienfaisants de la Cité Sainte* et son étage maçonnique en *Régime Écossais Rectifié* (RER). D'un côté, ils prenaient certaines distances avec l'idée d'une filiation templière, ce qui devait rassurer ceux pour qui l'Ordre du Temple sentait le soufre, notamment des Catholiques rigoureux comme le CBCS Joseph de Maistre, qui souhaitait une orientation de la Franc-Maçonnerie ainsi «*rectifiée*» vers une fidélité absolue à la doctrine de l'Église romaine. Mais, d'un autre côté, par Jean-Baptiste Willermoz luimême, le nouveau RER devait servir de vecteur à un courant ésotérique que l'on peut presque déjà qualifier d'occultiste. En effet, Willermoz est, depuis le milieu des années 1760, disciple de Don Martinès de Pasqually, théurge et fondateur d'un rite magique paramaçonnique, *l'Ordre des Élus Coëns*. Or, Willermoz n'a jamais renié son maître et a implanté de nombreux éléments martinézistes au sein du RER, en particulier au sein de la classe secrète des Profès et Grands Profès. Parmi les disciples très proches de Pasqually, se trouvait aussi Louis-Claude de Saint-Martin, le futur *Philosophe Inconnu*, qui, dans son périple maçonnique, passera par le RER, laissant aux Maçons Rectifiés une attirance constante pour le martinisme.

À court terme, ces tendances ésotériques ne furent pas porteuses: le séisme de la Révolution française, puis les grands conflits politiques et sociaux du XIXe siècle, joints au triomphe progressif d'une philosophie positiviste en attendant d'être franchement matérialiste, ont semblé éliminer l'ésotérisme de la Franc-Maçonnerie. Lorsque Willermoz meurt en 1824, le RER, par exemple, a déjà périclité, et il ne survit plus que dans des cénacles confidentiels. Mais, à long terme, cette tendance, après avoir absorbé le renouveau occultiste et théosophique de la fin du XIXe siècle, puis les apports guénoniens au XXe siècle, a permis un renouveau des idées et des pratiques maçonniques.

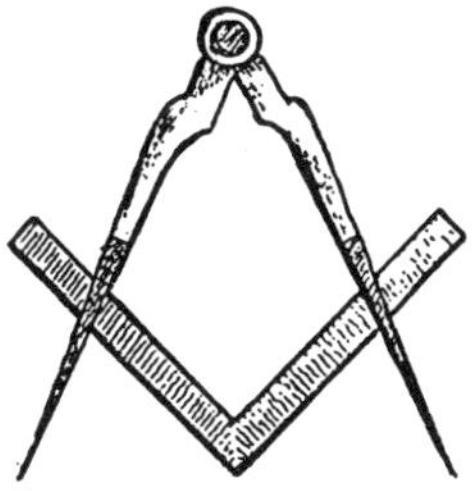

Tableau de Loge d'Apprenti, REAA,
tuileur de Vuillaume, 1830.

Tableau de Loge de Compagnon, REAA,
tuileur de Vuillaume, 1830.

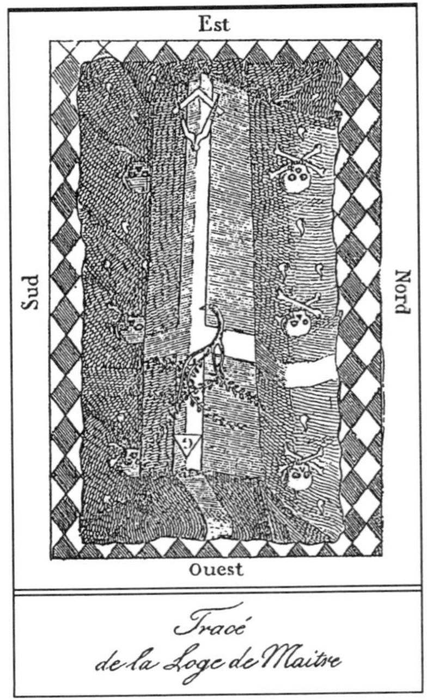

Tableau de Loge de Maître, REAA,
tuileur de Vuillaume, 1830.

Partie II

LA FRANC-MAÇONNERIE RÉVOLUTIONNAIRE?

La question des relations de la Franc-Maçonnerie avec les phénomènes révolutionnaires de la fin du XVIIIe et de la première moitié du XIXe siècle est complexe et complètement biaisée par des oppositions idéologiques. Complexe, la question l'est parce que les Révolutions en question ne sont pas du même type, ne se produisent pas pour les mêmes causes et se déroulent dans des pays de cultures religieuses et politiques différentes. Les structures maçonniques elles-mêmes sont profondément différentes. Ainsi ne faut-il pas abuser des rapprochements que le terme « révolution » suggère et convient-il d'examiner, au contraire, chaque problème dans sa singularité.

Biaisée, la question l'est parce que les révolutions, et surtout la Révolution française, ont opposé et continuent d'opposer des choix politiques et idéologiques différents. Ainsi, selon la valeur positive ou négative que l'on attache au phénomène révolutionnaire, on va s'attacher à valoriser ou incriminer les éléments susceptibles de l'avoir porté. Dans la bibliographie polémique et l'historiographie de la Révolution française, la Franc-Maçonnerie constitue l'un des éléments les plus controversés[21]. L'antimaçonnisme s'en est nourri[22], considérant la Franc-Maçonnerie tout à la fois comme cause et vecteur de la Révolution. À l'inverse, une certaine littérature apologétique, issue des milieux maçonniques de la seconde moitié du XIXe siècle convertis à l'idéal républicain, a repris la thèse des antimaçons mais en inversant le sens moral du négatif au positif. Au début du XXe siècle, Francs-Maçons et antimaçons sont au moins d'accord sur le fait de reconnaître à la Franc-Maçonnerie un rôle capital dans la préparation et le déroulement de la Révolution française. En réalité, la Franc-Maçonnerie ne mérite ni cet excès d'honneur, ni cet excès d'indignité.

Chapitre I

La Franc-Maçonnerie, artisan des indépendances américaines ?

Les révolutions américaines, en Amérique du Nord et en Amérique du Sud, sont profondément différentes entre elles, et différentes de la Révolution française. Même si l'objet du présent ouvrage ne porte pas sur leurs causes et conséquences, il faut rappeler certaines données contextuelles.

• La Franc-Maçonnerie et l'Indépendance des États-Unis

L'Amérique du Nord est de colonisation britannique, anglo-saxonne et irlando-écossaise, essentiellement de religion réformée. La Franc-Maçonnerie fait partie des institutions en provenance de métropole qui vont y jouir, comme en Grande-Bretagne, d'estime et de considération. La Franc-Maçonnerie américaine d'avant 1776 n'a donc aucune raison idéologique spécifiquement maçonnique d'être antibritannique. Le fossé croissant entre les colons américains et les Britanniques provient de raisons qui n'ont rien de maçonnique. D'une part, bien que partant des mêmes bases idéologiques et religieuses que les Britanniques, les Américains ont développé une conscience messianique plus aiguë, l'Amérique ayant été la terre d'accueil des puritains vaincus en Grande-Bretagne et venus y transplanter leur certitude d'être le *verus Israël* dans une nouvelle Terre Promise. D'autre part, la conception de plus en plus restrictive de l'exclusif colonial par la mère-patrie, tant du point de vue économique qu'administratif, a conduit les intérêts à s'opposer de part et d'autre de l'Atlantique, jusqu'à constituer le facteur déclenchant des revendications d'indépendance.

Ainsi, lorsque l'on veut évaluer le rôle de la Franc-Maçonnerie dans la Révolution et la Guerre d'Indépendance américaine, il ne faut pas inverser la perspective: les Francs-Maçons américains ne se sont pas lancés dans l'action parce que Francs-Maçons, mais parce qu'Américains. C'est si vrai que, dans le camp d'en face, celui des Loyalistes, ces Américains fidèles à la Couronne et qui durent s'exiler au Canada après leur défaite, l'appartenance maçonnique fut tout aussi forte.

La Franc-Maçonnerie s'est implantée dans les colonies anglaises d'Amérique dès le début du XVIIIe siècle. On sait que Benjamin Franklin a été reçu Maçon dans une loge de Philadelphie en Pennsylvanie en 1731 et que les annales de la loge *Saint John* de Boston, capitale du Massachusetts, débutent en 1733. La présence de Franklin sur les rôles maçonniques est intéressante à double titre. Du côté maçonnique, Benjamin Franklin a un rôle important, puisqu'il fait paraître en 1734 la première édition américaine des *Constitutions d'Anderson* et qu'il devient par la suite Grand-Maître des loges de Pennsylvanie. Du côté profane, il est à peine besoin de rappeler à la fois son rôle comme homme de science dans l'esprit des Lumières et comme militant précoce de l'autonomie puis de l'indépendance des colonies américaines. On peut remarquer cet engagement dès les années 1740. Sa volonté d'émancipation par rapport à l'Angleterre joue aussi bien sur les plans politique et économique que sur le plan maçonnique où il ne ménage pas ses efforts pour faire de la Maçonnerie américaine une puissance indépendante des obédiences anglaises. Il ne s'agit pas pour lui de promouvoir une sédition maçonnique révolutionnaire contre l'Angleterre mais une révolte américaine, intérêts culturels et matériels confondus, contre la présence britannique, y compris dans le domaine maçonnique.

Si l'on considère l'ensemble de la Franc-Maçonnerie américaine d'avant l'Indépendance, l'hypothèse d'une conspiration maçonnique préparant la Révolution américaine ne tient pas. Elle est beaucoup trop divisée pour avoir pu mener une action cohérente. Les Francs-Maçons américains reproduisent, en effet, les divisions des Francs-Maçons britanniques. Certes, à Boston, lors de la célèbre Boston Tea Party de 1773, le centre de la rébellion antifiscale fut la loge *Saint André*. Mais on peut légitimement douter que les membres de cette loge, majoritairement composée d'avocats, d'artisans et surtout de marchands, se soient lancés dans la sédition pour des motifs de philosophie maçonnique. Plus prosaïquement, ce sont les intérêts économiques qui les ont motivés, la loge maçonnique n'ayant joué que le rôle de structure de sociabilité permettant rencontres faciles et occasions de concertation.

S'il n'y a pas de cause maçonnique à la révolte des treize colonies américaines, il faut reconnaître, en revanche, que les Insurgents surent, mieux que les Britanniques, mobiliser les réseaux maçonniques à leur profit, aussi bien en Amérique qu'en Europe. On estime ainsi que de 33 à 49 des 75 généraux de la nouvelle armée américaine étaient Francs-Maçons (dont le plus célèbre d'entre eux, George Washington, initié en 1752), ainsi qu'une bonne partie de son encadrement supérieur. Remarquons toutefois qu'il ne s'agit pas là d'une innovation des révoltés américains : l'armée britannique, comme celle de la France d'Ancien Régime, connaît aussi cette symbiose entre l'état militaire et l'état maçonnique, comme renforcement de la fraternité d'armes. Mais c'est bien vis-à-vis de la France que les Insurgents surent le mieux jouer du réseau maçonnique.

Benjamin Franklin était l'un des rédacteurs de la *Déclaration d'Indépendance* américaine de 1776 et figure parmi les 8 Maçons identifiés au sein des 56 signataires de cette Déclaration qui porte à la fois la macule des Lumières philosophiques et la certitude des descendants des Pères Pèlerins de constituer le nouveau Peuple Élu. C'est auréolé de ce prestige qu'il arrive en France, la même année, pour tenter d'obtenir l'appui du royaume à la cause des Insurgents. À Paris, il comprend rapidement le maniement de l'opinion «*éclairée*» et utilise au mieux les instruments de sociabilité. Comme savant, il se met en relation étroite avec les Physiocrates (Quesnay, Mirabeau père) ou les Encyclopédistes. Il fréquente assidûment les salons, ceux de madame Geoffrin, de madame du Deffand ou de madame Helvétius, où sa simplicité de manière fait mouche au sein d'un milieu extrêmement raffiné. Mais il sait aussi utiliser à merveille les liens de la fraternité maçonnique qu'il partage avec l'élite de la noblesse et de la bourgeoisie. Il se fait recevoir au sein de la célèbre Loge des *Neuf Sœurs* en 1778, où, avec Court de Gébelin, il soutient Voltaire lors de la réception de celui-ci en Franc-Maçonnerie. C'est sans doute au contact de Franklin que le jeune marquis de La Fayette, pétri d'idéalisme et acquis aux idées des Lumières, se sent la vocation d'aller combattre aux côtés des Américains supposés œuvrer pour la réalisation des utopies du siècle. La Fayette, par l'écho que son engagement, dès 1777, a auprès des jeunes nobles libéraux de sa génération et de l'opinion publique en général, est sans doute la meilleure opération de Franklin dans le monde maçonnique français. L'opinion éclairée, comme le désir d'une revanche française sur les humiliations de la Guerre de Sept Ans, poussent à l'entrée en guerre de la France aux côtés des colonies révoltées au début de 1778. On ne peut évaluer avec précision le rôle des pressions maçonniques : considérablement surévaluées par Bernard Faÿ[23], elles ne furent cependant pas neutres. Après l'entrée en guerre déterminante de la France pour l'issue du conflit, Benjamin Franklin ne rentre pas immédiatement aux États-Unis et poursuit son travail d'agent d'influence des nouveaux États-Unis. Au sein des *Neuf Sœurs*, son œuvre fut d'ancrer une fraction de la Franc-Maçonnerie dans l'idéologie des Lumières. On sait déjà son rôle dans la réception de Voltaire. Ce dernier, dans son jeune temps, était loin des préoccupations maçonniques, parlant rarement de la Franc-Maçonnerie, si ce n'est pour se moquer des «*cérémonies extravagantes*» que cet esprit irréligieux ne pouvait que rejeter. Sa réception, au soir de sa vie, n'avait plus d'importance pour lui-même. En revanche, elle en possédait pour tous ceux qui, à la suite d'Helvétius, souhaitaient débarrasser la Franc-Maçonnerie de ses «*augustes fadaises*» et l'impliquer davantage dans un combat idéologique, dont le patriarche de Ferney était devenu le vivant symbole. Le rôle de Franklin dans cette mutation ne doit pas être sous-estimé. Vénérable des *Neuf Sœurs* de 1779 à 1781, il en suit attentivement les travaux et participe à son affirmation comme société de pensée à caractère culturel et idéologique. S'il ne faut pas surestimer à court terme cette mutation maçonnique, la Loge des *Neuf Sœurs* restant relativement marginale malgré sa notoriété, cette mutation «voltairienne» d'une structure maçonnique n'en préfigure pas moins l'évolution du siècle suivant.

• La Franc-Maçonnerie et les indépendances sud-américaines

Si, en première approche, on peut trouver des similitudes aux processus d'indépendance des Amériques du Nord et du Sud, toutes deux confrontées, par exemple, à l'exclusivisme colonial, les contextes sociaux, culturels et religieux sont profondément différents. Formée de colonies portugaises (pour le Brésil) ou espagnoles, du Mexique à la Terre de Feu, l'Amérique latine est profondément imprégnée d'un catholicisme dont les autorités ont largement relayé et fait appliquer les interdictions pontificales de 1738 et 1751. Par ailleurs, la segmentation sociale y est beaucoup plus marquée qu'en Amérique du Nord et la classe moyenne supérieure, sensible sous d'autres cieux à l'expérience maçonnique, y est beaucoup plus fragile, coincée entre la masse des esclaves noirs, les populations amérindiennes en marge, les «petits blancs» et une aristocratie très consciente de sa caste. Tant que les pouvoirs coloniaux espagnols et portugais, qui font sévèrement appliquer les interdictions pontificales, tiennent solidement les rênes, la Franc-Maçonnerie ne se développe pas. C'est par d'autres biais que les élites sud-américaines connaissent la pensée des Lumières. Ce qui est déterminant, c'est à la fois l'exemple de l'émancipation des États-Unis, l'impact idéologique de la Révolution française et, surtout, la mise hors jeu de la monarchie espagnole par l'Empire napoléonien en 1808. Ceux qui contestent les effets de la puissance coloniale vont rapidement se rallier aux modèles politiques et idéologiques nouveaux et aux institutions qui leur paraissent liées. C'est le cas de la Franc-Maçonnerie, que les Sud-Américains connaissent par plusieurs vecteurs: sous l'influence des commerçants nord-américains, par l'intermédiaire de l'armée britannique qui combat au Portugal et en Espagne et par l'intermédiaire des loges napoléoniennes dont le pouvoir impérial français favorise partout l'implantation. Donc, pour ces raisons mêmes, lorsque la Franc-Maçonnerie s'implante en Amérique Latine, elle prend quasiment immédiatement et presque partout une coloration politique libérale tournée vers l'indépendance et une orientation anticléricale.

Le cas de Simon Bolivar est exemplaire. Né en 1783 dans une riche famille de l'actuel Venezuela, il est d'abord éduqué par un précepteur qui se veut disciple de Jean-Jacques Rousseau. Il est envoyé en 1799 parfaire son éducation en Espagne, mais arrive dans une Europe déjà transformée par le séisme de la Révolution française, au moment où Bonaparte vient clore le cycle révolutionnaire. C'est un jeune homme déjà formé aux idées nouvelles qui se fait recevoir dans une loge française vers 1805, au sein d'une Franc-Maçonnerie qui n'a plus rien à voir avec celle d'Ancien Régime. Puis il revient en Amérique latine en 1807 commencer son activité politique et militaire contre la métropole espagnole. La Franc-Maçonnerie qui commence alors à s'implanter semble plus un prétexte qu'une fin en soi, une occasion de se rencontrer entre libéraux et indépendantistes dans des zones où le phénomène associatif est quasi inexistant. Le mouvement débute en Argentine, entre 1804 et 1807. En 1812, à Buenos Aires est fondée la loge *Lautaro*, qui compte des indépendantistes républicains comme Juan José de San Martin, dont l'action militaire allait être aussi déterminante que celle de Bolivar. On le retrouve d'ailleurs parmi les fondateurs de la Franc-Maçonnerie chilienne en 1817 et péruvienne en 1821, dont le général Sucre, libérateur de la Bolivie, est également membre. Il y a globalement parallélisme entre le mouvement indépendantiste libéral et le mouvement maçonnique, mais le premier précède la plupart du temps. Après les indépendances, le virus politique ne quitte pas les loges mais traduit désormais des luttes politiques internes aux nouveaux États. Ainsi, d'abord favorable à la Franc-Maçonnerie, Simon Bolivar lui-même prend, en 1828, un décret interdisant les sociétés secrètes, dont la Maçonnerie, après s'être rendu compte qu'elles pouvaient offrir un abri à ses propres opposants.

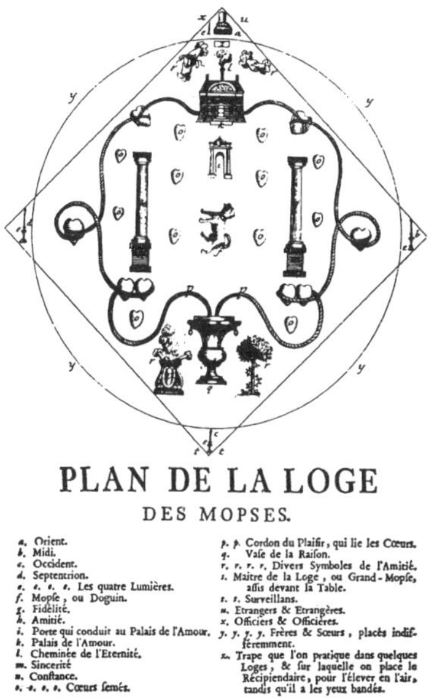

Tableau de la Loge des Mopses.

Frontispice du tuileur de Vuillaume.

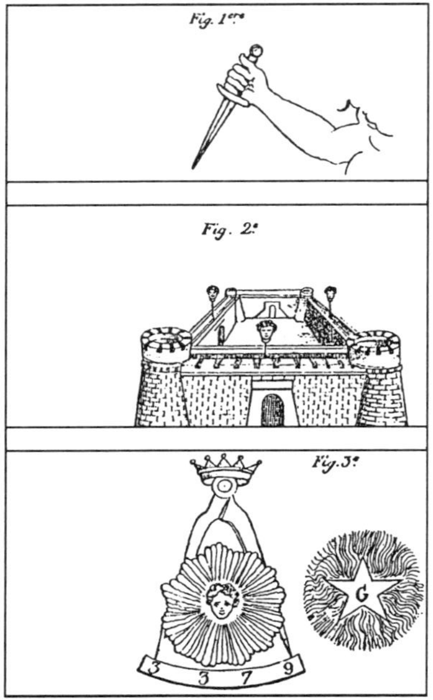

Symboles des *Maître Élus des Neuf, Maître Élu des Quinze* & du *Grand Écossais,*
tuileur de Vuillaume, 1830.

Tableau de Loge du *Chevalier du Soleil,*
28e du REAA,
tuileur de Vuillaume, 1830.

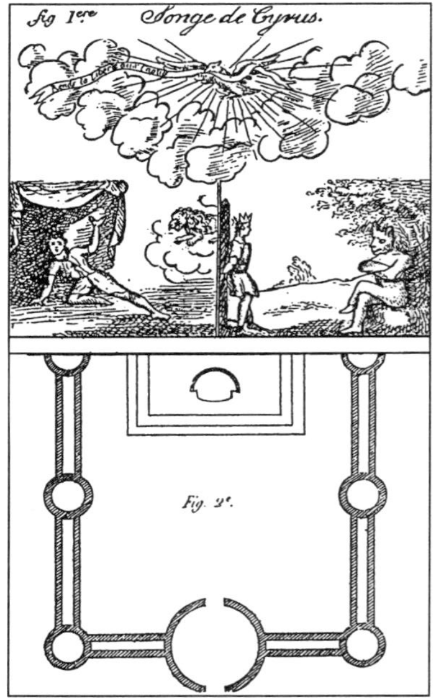

Tableau de Loge du *Chevalier d'Orient,*
3e Ordre du Rite Français,
tuileur de Vuillaume, 1830.

Chapitre II
La Franc-Maçonnerie, la Révolution française et l'Empire napoléonien

Nous avons déjà noté les nuances qu'il fallait apporter au reproche fait à la Maçonnerie d'avoir acclimaté les idées des Lumières philosophiques. En laissant de côté la polémique antimaçonnique[24], il faut cependant résumer quelques controverses historiques.

• Les Illuminés de Bavière et la Franc-Maçonnerie française

À la veille de la Révolution, la Maçonnerie française est à la fois puissante et fragile. Puissante, par le nombre de ses adhérents et la couverture géographique du royaume par ses ateliers: sauf l'Église de France, aucune autre structure de la France d'Ancien Régime ne possède cette ubiquité. Puissante, elle l'est aussi par la dimension sociale de sa plus grande organisation, le GODF, qui, sous la houlette du duc d'Orléans, Grand-Maître, rassemble les plus grands noms de la noblesse du royaume: Montmorency-Luxembourg, Noailles, La Rochefoucauld, Polignac, Bouillon, Lameth, etc.

Cette puissance, cependant, n'est qu'apparente: le corps maçonnique est trop divisé pour pouvoir agir ou réagir comme le tout-puissant comploteur de la synthèse antimaçonnique de Barruel.

Ces divisions sont multiples. Les Rites s'excommunient ou se méprisent. Ainsi, lorsque, en 1776, les Directoires Rectifiés concluent un accord avec le GODF, c'est un tollé général dans les loges de cette obédience. À l'inverse, les Maçons Rectifiés manifestent peu d'estime pour les tenants d'une Franc-Maçonnerie qu'ils estiment dévoyée. Cette opposition recouvre en partie celle des Maçons mystiques et des Maçons rationalistes qui tiennent pour billevesée toute spéculation occulte ou métaphysique: quoi de commun, en effet, entre Joseph de Maistre et l'athée Helvétius? Entre la Maçonnerie Bleue et les Hauts Grades, les querelles de préséance n'en finissent pas. Les structures de Hauts Grades elles-mêmes vont de scission en scission, en se traitant mutuellement d'escrocs au nom de la légitimité. La Maçonnerie Bleue n'est pas plus unie: pour être la plus connue, le GODF n'est pas la seule Obédience à prétendre régenter les Maçons français. Enfin, nous savons déjà les profondes divisions sociales de la Franc-Maçonnerie, derrière une approche toute théorique de l'égalité.

Rien, dans toutes les données qui demeurent accessibles, n'indique un «*Complot*» maçonnique contre la monarchie française. Cela ne veut pas dire que des complots particuliers n'aient pas pu, ici ou là, utiliser le paravent maçonnique.

Puisqu'elle apparaît souvent au cœur de la polémique antimaçonnique comme «*l'arrière-loge*» par excellence, il faut dire quelques mots de la *Société des Illuminés*, appelée aussi improprement «Illuminés de Bavière». Cette Société fut fondée en mai 1776 par Adam Weishaupt, ancien élève des Jésuites et professeur de droit canon à l'université bavaroise d'Ingolstadt. Il faut reconnaître en Weishaupt à la fois un idéologue et un révolutionnaire désireux de quitter le stade des spéculations anticléricales et anti-absolutistes des Lumières pour les incarner dans une action destinée à modifier l'ordre religieux et politique de l'Ancien Régime. Lorsqu'il crée les *Illuminés*, Weishaupt n'est pas Maçon et c'est plutôt l'ordre des Jésuites qu'il prend pour modèle, se décernant le titre de *Général* de sa Société et la fondant, à l'instar de son modèle loyoliste, sur une stricte hiérarchisation, une discipline de fer à l'égard des options du Général, le respect du secret. Organisée en degrés, dotée de cérémonies initiatiques, elle peut aussi se rapprocher du modèle maçonnique alors bien connu. Surtout, seul, le plus haut degré de la Société, l'*Aréopage*, maîtrise complètement son organisation, ses secrets et ses buts subversifs. Cela lui confère, à bon droit, le caractère de prototype des fameuses arrière-loges. Il n'en demeure pas moins qu'à sa création, ni Weishaupt, ni ses premiers affidés ne sont Francs-Maçons. Mais, en bon stratège, Weishaupt va vite s'apercevoir de tout le parti qu'il peut tirer d'une organisation maçonnique répandue dans toute l'Allemagne et la plus grande partie de l'Europe et dont le mode de fonctionnement convivial et fraternel, qui suppose la confiance entre Maçons, permet la manipulation. En 1777, Weishaupt se fait recevoir dans une loge munichoise qui dépend de la *Stricte Observance Templière*, obédience maçonnique qui est, sans doute, par son caractère spiritualiste et aristocratique, parfaitement opposée aux buts des *Illuminés*. Le problème de Weishaupt, et des amis qu'il incite dès lors à se faire recevoir Maçons, n'est pas de rechercher une convergence entre sa Société et la Franc-Maçonnerie, mais d'utiliser le réseau des loges maçonniques comme paravent, comme vivier de recrutement, de subvertir les structures maçonniques pour en prendre le contrôle et en faire le premier degré des *Illuminés*. Tout cela, faut-il encore le préciser, sans dévoiler son projet aux animateurs de la SOT. En 1780, Weishaupt reçoit le renfort de poids du baron Von Knigge, aristocrate du Hanovre et, lui, Maçon depuis 1773. Von Knigge réorganise alors les *Illuminés* en leur donnant une structuration en trois classes plus proche, cette fois-ci, de l'organisation maçonnique. Von Knigge va même jusqu'à rêver de faire des *Illuminés* le fédérateur secret de la Maçonnerie allemande, et même au-delà. La crise qui secoue la *Stricte Observance Templière* depuis la mort de son fondateur, le baron Von Hund, en 1776, et le doute jeté sur les filiations jacobites et templières que ce dernier revendiquait, lui en fournit l'occasion. En 1782, le duc Ferdinand de Brunswick, Grand-Maître, convoque une assemblée générale des plus importantes figures de la SOT à Wilhelmsbad, près de Francfort-sur-le-Main, pour y arrêter de nouvelles orientations fondamentales. C'était l'occasion ou jamais de pousser ses pions. Knigge ne figure pas parmi les 35 participants au Convent, mais il est dans les coulisses pour encourager et conseiller deux membres secrets des *Illuminés*, Johan Christoph Bode et Franz Von Dittfurth. Vigoureusement contrée par Jean-Baptiste Willermoz et Jean de Türckeim, engagés de concert dans la réforme mystique et chrétienne de la SOT qui allait aboutir à création du RER, la tentative des *Illuminés* échoue à Wilhelmsbad. L'abbé Barruel commet donc une erreur de perspective quand il voit dans le Convent de Wilhelmsbad le nœud d'une conjuration paneuropéenne contre les États: c'est, au contraire, là que les projets des *Illuminés* reçurent leur premier coup d'arrêt. Les dissensions entre Weishaupt et Knigge, le dévoilement en milieu maçonnique de l'entrisme des membres de la Société, l'action des autorités bavaroises, inquiètes des pénétrations des *Illuminés* au sein de l'administration, conduisent alors, sinon à la disparition de la Société, du moins à son éclatement et à la mise en lumière d'activités qui, pour demeurer efficaces, auraient dû rester secrètes.

Pourquoi parler des *Illuminés* à propos de la Révolution française? Parce que les événements allemands eurent des prolongements en France qui ont prêté le flanc à la critique. Au Convent de Wilhelmsbad se trouvait le marquis François de Chefdebien qui agissait à la fois comme membre des Directoires Écossais du RER et comme l'émissaire de Charles Pierre Savalette de Langes. Ce dernier est un personnage clef de la Franc-Maçonnerie française dans les années 1770-1791. Fils d'un ancien Intendant et Garde général du Trésor royal et d'une mère issue d'une famille de fermiers-généraux, lui-même Conseiller au Parlement de Paris et administrateur du Trésor Royal, il est par bien des côtés lié au monde de la finance d'Ancien Régime. Franc-Maçon depuis 1766, il fonde en 1771, à Rumigny en Champagne, la Loge *Les Amis Réunis* qui devient rapidement, après son transfert à Paris en 1773, l'une des loges les plus huppées, les plus mondaines et les plus actives de la capitale. Mais, si les *Neuf Sœurs* s'adressent beaucoup aux savants et intellectuels, *Les Amis Réunis* regroupent un nombre conséquent de financiers, banquiers et manieurs d'argent, à tel point qu'on a pu la soupçonner d'agir comme le *lobby* financier de l'époque. Savalette de Langes s'engage aussi vigoureusement dans l'œuvre de réorganisation de la Franc-Maçonnerie française autour du Grand Orient de France. Il ne s'intéresse pas seulement à l'organisation maçonnique; les rites et leurs contenus le passionnent au plus haut point. Il crée donc un régime maçonnique particulier, souché sur *Les Amis Réunis*, dont le but est de servir d'académie maçonnique capitalisant l'ensemble des rites et des écrits sur la Franc-Maçonnerie: *les Philalèthes*. C'est à ce titre que Savalette de Langes s'intéressait au marquis de Chefdebien (dont le père avait créé le *Rite Primitif de Narbonne)*, qu'il avait recruté aux *Amis Réunis* et dont il faisait ses yeux et ses oreilles à Wilhelmsbad. C'est à ce titre aussi que, en 1784, puis 1787, il convoque, sous l'égide des *Philalèthes*, deux convents chargés de mettre à plat l'ensemble des rites maçonniques et de déterminer leur vérité. Ces convents se soldèrent, de manière prévisible, par des échecs, mais, à l'occasion du second convent, Savalette de Langes put avoir de longues conversations avec une vieille connaissance de Wilhelmsbad, Johan Christoph Bode, toujours actif dans la mouvance des *Illuminés*. Bode réussit une œuvre de retournement magistrale, puisque Savalette de Langes et ses proches passent d'une conception de la maçonnerie que l'on pourrait qualifier de plutôt ésotérique à une conception rationaliste explicitement vouée à la préparation de changements idéologiques, voire politiques. Ce retournement se traduit par la fondation en 1787 d'une loge «secrète», *Les Philadelphes*, décidée à œuvrer pour le triomphe des Lumières philosophiques.

Il est évident que cet épisode ne peut que nourrir la polémique antimaçonnique dans la mesure où l'on trouve effectivement la trace d'une jonction entre la Franc-Maçonnerie et une Société vouée à la subversion religieuse et politique de l'Ancien Régime. Il faut cependant raison garder et ramener les possibilités d'action de ces nouveaux *Philadelphes* à l'échelle du royaume de France et dans la chronologie des événements des années précédant la Révolution. Que la mutation du travail maçonnique de Savalette de Langes et de ses amis prenne place dans une atmosphère pré-révolutionnaire, ce n'est pas contestable. Mais, déduire d'une antériorité de deux ans des Philadelphes sur la prise de la Bastille un phénomène de cause à effet n'est pas sérieux.

• La Franc-Maçonnerie au service des intérêts du duc d'Orléans?

On a parlé aussi du rôle de la Franc-Maçonnerie dans la préparation des élections aux États-Généraux en 1788, et notamment dans la rédaction des cahiers de doléances. Deux éléments principaux sont à prendre en compte ici: le rôle de la *Société des Trente* et celui du duc d'Orléans, Grand-Maître du Grand Orient de France.

Cette *Société des Trente* rassemble, à partir de 1788, chez le Conseiller au Parlement de Paris et futur député de la noblesse Adrien Duport, les têtes pensantes de ce que l'on appelle alors le «*parti patriote*», c'est-à-dire ceux qui, favorables aux idées nouvelles, veulent un profond toilettage de la monarchie française en échange d'un effort pour la résolution des problèmes financiers. Parmi eux, on trouve des individus dont la qualité maçonnique est certaine: l'évêque d'Autun, Talleyrand-Périgord, le duc de Biron, La Fayette, Pierre-Samuel Dupont de Nemours, et, surtout, l'organisateur du GODF, le duc de Montmorency-Luxembourg. D'autres membres célèbres ont vu leur qualité maçonnique contestée par la critique historique, comme Mirabeau, Condorcet ou Lepelletier de Saint-Fargeau, ou n'étaient pas Maçons, comme Sieyès. D'après le témoignage de Montmorency-Luxembourg[25], écrit, ce qui a son importance, après son départ en émigration, c'est de cette Société que partaient bien des idées de pamphlets et de réformes qu'un véritable réseau se devait de porter dans les assemblées électives. Il est vrai, si l'on considère la dimension intellectuelle ou le réseau social des uns ou des autres, que cette *Société des Trente* a eu une certaine influence, mais, comme le souligne à juste titre Pierre Chevallier, «*que des Maçons en dehors des Loges aient propagé les idées philosophiques et sociales nouvelles, rien ne s'y oppose, mais est-ce comme Maçons ou comme citoyens qu'ils le font?*»[26] Il est plus raisonnable d'estimer que les Francs-Maçons ne sont en rien différents de leurs concitoyens, qu'ils ont chacun leur parcours intellectuel et politique, leurs passions, leurs hésitations et leurs engagements. Le cas du duc de Montmorency-Luxembourg est significatif: d'accord pour vouloir réformer un État royal exsangue et à bout de souffle, il prend ses distances dès lors qu'il perçoit que la volonté de réforme le cède désormais à l'ambition, à l'esprit de revanche ou à l'action subversive. Il est l'un des premiers à partir en émigration après le 14 juillet 1789.

Cela ne signifie nullement qu'ici ou là, on n'ait pas délibérément utilisé le réseau de la Franc-Maçonnerie. Le cas du duc d'Orléans ne saurait alors être évacué puisqu'il disposait à la fois de l'opportunité et des moyens de le faire. La personnalité du duc d'Orléans est complexe: grand seigneur dépensier mais aussi financier avisé, il cultive une opposition déterminée à son cousin Louis XVI qu'il méprise, à la reine Marie-Antoinette qu'il hait et qui le lui rend bien, le tout sous le masque des idées libérales. Plus tard, affublé du nom de Philippe Égalité, il vote l'abolition de la monarchie et la mort du roi, mais de fortes présomptions existent quant à son ambition de monter lui-même sur le trône. Dans le domaine maçonnique, il accole son nom à la réforme qui aboutit à la fondation du Grand Orient de France dont il devient le premier Grand-Maître à vie, mais lorsque les Jacobins se mettent en tête de pourchasser toutes les sociétés qu'ils ne contrôlent pas directement, au premier rang desquelles les loges maçonniques, le nouveau Philippe Égalité renie le Grand Orient dans des termes qui lui valent d'en être ignominieusement exclu. Finalement, méprisé de tous, c'est comme membre de cette noblesse qu'il a reniée qu'il est guillotiné le 6 novembre 1793. Mais, en 1788-1789, Louis Philippe Joseph, duc d'Orléans se sent au sommet de sa puissance et ambitionne de jouer un rôle de premier plan. Durant la préparation des États-Généraux, il finance de nombreux agents porteurs d'un modèle de cahier de doléances qui avait ses faveurs. Il ne perd jamais une occasion d'exciter aux troubles. À Paris, il est le maître incontesté d'un lieu stratégique pour la manipulation de l'opinion publique: les jardins du Palais-Royal. En effet, pour pallier à son endettement, il avait eu l'idée de raser une partie des jardins pour y faire construire des boutiques, des cafés, des maisons de jeux et des théâtres loués à des entrepreneurs. Rapidement, ce lieu devient le centre de la vie parisienne, de nuit comme de jour. C'est un lieu propice pour y faire courir rumeurs et nouvelles, pamphlets et libelles, d'autant plus que, propriété privée du duc d'Orléans, la police n'a pas le droit d'y pénétrer, ce qui en fait le paradis des agitateurs, dont la plupart émargent à la cassette du duc lui-même. Or, c'est de là, le 12 juillet 1789, que part l'émeute qui devait aboutir à la prise de la Bastille, le 14. Après le renvoi du trop conciliant Necker, et l'appel aux troupes provinciales non touchées par la propagande révolutionnaire, Louis XVI semble vouloir rompre avec sa gestion timorée des événements: à Paris, ceux qui se sont montrés en pointe dans la contestation prennent peur, et le duc d'Orléans n'est pas le dernier. On sait que, au Palais-Royal, le mouvement s'est engagé après la vigoureuse harangue de l'avocat Camille Desmoulins, par surcroît Franc-Maçon, vers lequel la foule s'est trouvée canalisée. Or, il y avait peu de chance à ce moment-là qu'un orateur puisse se produire qui n'ait pas l'aval du maître des lieux.

Que faut-il en retenir? Que le duc d'Orléans ait utilisé le réseau des Francs-Maçons séduits par les idées nouvelles, auquel il avait accès de par son statut de Grand-Maître du GODF, c'est probable, encore qu'on n'en ait nulle preuve définitive, mais qu'il ait agi au nom de la Franc-Maçonnerie, c'est inexact: son équation personnelle suffit à expliquer son action. Eut-il voulu d'ailleurs agir au nom du GODF, qu'il n'aurait pas pu: dès cette époque, la Maçonnerie se fragmente, les frères prenant des options politiques opposées; le départ pour l'émigration de son propre adjoint, Montmorency-Luxembourg, en est le symbole.

À vrai dire, la déliquescence de l'Ordre avait commencé dès 1787, avec la convocation de l'Assemblée des Notables. Comme l'explique fort bien Daniel Ligou[27], au fur et à mesure que s'enfle le débat public sur les causes de la crise et les moyens d'y remédier, les loges périclitent. Tout se passe comme si, devant l'imminence d'événements que chacun perçoit comme importants ou redoutables, l'agréable sociabilité des loges cessait progressivement d'intéresser des frères happés par un engagement politique dont il faut bien se rendre compte qu'il fut loin d'être à sens unique. Les divisions sociales, les divergences idéologiques ou religieuses se sont exacerbées entre les frères, rendant impossible la fréquentation harmonieuse en loge.

• La Franc-Maçonnerie dans la tourmente

Bientôt, le déclenchement des événements révolutionnaires accélère le mouvement: entre 1788 et le début 1793, la quasi-totalité des ateliers cessent de se réunir. Pour ne prendre que le seul exemple d'une ville de province, à Poitiers, vers 1787, existaient quatre loges répertoriées sur les rôles du GODF. Deux d'entre elles, *La Vraie Lumière* et *Le Silence*, rassemblent l'élite de la ville: conseillers et avocats au présidial, chanoines, abbés, médecins et nobles, pour la plupart militaires ou anciens militaires. Une autre, *La Parfaite Union,* regroupe les marchands, financiers, curés et chirurgiens. La dernière, *Les Amis Réunis,* compte des artisans et des boutiquiers. Après 1788, les archives du Grand Orient, conservées à la Bibliothèque Nationale, n'ont plus trace de *La Vraie Lumière*, du *Silence* et des *Amis Réunis*. Comme on peut suivre la trajectoire d'un certain nombre de leurs membres durant la période, on sait que certains, parmi les nobles, ont émigré, ayant parfois rejoint l'armée des Princes à Coblence, d'autres se sont engagés dans l'administration communale ou celle du district, puis semblent avoir décroché après 1792, quelques-uns sont en revanche devenus des jacobins militants. Le dernier contact que le siège central du GODF ait eu avec une loge poitevine est un courrier, en date du *«31e jour du 12e mois 5790»*, selon le comput maçonnique, soit le 31 mars 1791, émanant du secrétaire à la correspondance de *La Parfaite Union* qui donne les éclaircissements nécessaires: «*Depuis la faveur que vous m'avez faite de m'adresser plusieurs planches, je me suis empressé par mon zèle d'en faire part à notre Vénérable que nous avions continué à la St Jean dernière, dans l'espérance flatteuse qu'il réveillerait des ff∴. endormis depuis bien du temps. Mes démarches ont été inutiles, et je ne vous tairai pas que je regarde notre L∴. comme désunie. J'avais espérance de voir les choses remises dans leur premier état pour remplir l'engagement auquel tous les ff∴. s'étaient souscris mais point d'espérance, je me trouve forcé de vous écrire cette planche que j'avais toujours différée pour vous faire part de notre séparation. Depuis la constitution nouvelle, il semble que toutes les L∴. sont dans le même état que la nôtre…*» De ce courrier, deux informations majeures émergent: en 1791, cela fait déjà «*bien du temps*» que les Maçons ne fréquentent plus la loge, et l'une des explications à cette désaffection réside dans les désaccords sur «*la constitution nouvelle*» du royaume. Devant cet état de fait, *La Parfaite Union* se voit contrainte de cesser son activité. Le siège parisien du Grand Orient cesse lui-même de se réunir à l'été 1793: il n'y a plus de loges à gouverner et le nouveau gouvernement jacobin, saisi du culte quasi totalitaire de l'Indivisibilité de la République, manifeste son hostilité à toutes les «*sectes*» susceptibles de favoriser la Contre-Révolution.

Quel bilan peut-on faire de la Révolution française du point de vue maçonnique?

Statistiquement, à partir de mesures partielles selon les orients, l'historien Gérard Gayot considère que 80 % des Maçons furent trop timorés pour s'engager politiquement de manière visible. Sur les 20 % restants, un tiers se rangea dans le camp royaliste, un tiers dans le camp des républicains modérés, un tiers dans celui des montagnards, jouant et perdant souvent leurs têtes au gré des vicissitudes. Finalement, rien qui ne soit différent des statistiques que l'on pourrait faire pour l'ensemble de la population française.

Mais la fracture créée est plus profonde encore. Les violences subies par les royalistes et les Catholiques durant la période révolutionnaire expliquent leur réceptivité aux thèses de l'abbé Barruel et de ses épigones. Parmi les Maçons nobles et religieux qui peuplaient les loges d'avant 1789, nombreux furent ceux qui moururent en France et dans l'émigration durant la période. Parmi les survivants, nombreux aussi furent ceux qui réinterprétèrent leur expérience maçonnique passée et la renièrent à la lumière du choc révolutionnaire. Bien peu reviendront à la Franc-Maçonnerie, passé le séisme. La diversité sociale, idéologique et humaine de la Maçonnerie disparaît avec la Révolution. De plus, la Maçonnerie ou ce qu'il en subsiste dans les années 1793-1794, se politise. D'une part, les royalistes sont en exil ou contraints de se cacher, d'autre part, dans l'espoir de pouvoir continuer à maçonner sous le nouveau régime, les rares loges subsistantes se mettent au goût républicain du jour en adoptant le calendrier révolutionnaire, déchristianisant les fêtes traditionnelles, adoptant le bonnet phrygien ou des cordons tricolores, etc.

La présence maçonnique se maintient difficilement à Paris à travers deux loges qui s'efforcent de donner les gages de conformité républicaine, ce qui ne suffit pas toujours à les mettre à l'abri de la répression. Ainsi, *Les Amis de la Liberté*, animés par le médecin Gerbier, s'engagent fermement à enraciner les pratiques et usages républicains en loge.

L'autre loge, *Le Centre des Amis,* est sans doute la plus connue, parce que c'est d'elle que va surgir l'impulsion du réveil du Grand Orient de France à partir de 1795. Cette loge est créée en février 1793 pour servir de point de ralliement aux Maçons de Paris dont les propres ateliers avaient cessé de se réunir. Son principal animateur est Alexandre Louis Roëttiers de Montaleau. Ce n'est pas un inconnu dans le monde maçonnique français de la fin du XVIIIe siècle. À partir de 1773, il a participé activement à la constitution du GODF et, jusqu'au bout, il s'implique avec zèle dans l'organisation centrale, soit au sein de la *Chambre des Provinces* chargée des relations avec les loges du royaume, soit au sein du *Grand Chapitre Général,* où il se préoccupe de la codification symbolique du Rite Français. Au moment de la cessation des activités du GODF, Roëttiers de Montaleau sauvegarde les archives de l'obédience et conçoit *Le Centre des Amis* comme une structure d'accueil et de maintien *a minima* d'une activité maçonnique dans la capitale. Il faut reconnaître à Roëttiers un immense dévouement et une volonté sincère d'en revenir aux traditions maçonniques. Après la chute de Robespierre et des montagnards, l'activité maçonnique reprend progressivement force et vigueur dans les grands centres urbains traditionnels, mais elle n'atteindra plus jamais son niveau d'avant la Révolution. De 1796 à 1800, Roëttiers de Montaleau réorganise le Grand Orient de France et parvient même à obtenir des vestiges de la *Grande Loge de France Maintenue* qu'ils fusionnent avec lui.

Moins d'une centaine de loges ont repris leurs activités à la fin du Directoire. Elles sont désormais saisies du virus de la politique. Quelques-unes s'affirment jacobines, comme à Toulouse, d'autres, royalistes, comme à Chartres, mais la plus grande partie manifestent un grand opportunisme politique, se ralliant avec zèle à tous les changements des titulaires du pouvoir. D'une manière générale, les hommes qui se retrouvent dans les loges appartiennent à cette bourgeoisie moyenne, convaincue des principes de la Révolution et ayant profité des événements pour consolider son assise sociale et patrimoniale. Les mêmes vont se rallier avec enthousiasme, dans les premiers temps au moins, au nouveau régime de Bonaparte.

• La Franc-Maçonnerie, pour le « salut de l'Empire »

Le Premier consul Bonaparte, par sa politique religieuse, a eu sur la Franc-Maçonnerie française un impact indirect mais important.

En signant avec le pape le Concordat de 1801, Napoléon Bonaparte d'un côté fait entrer l'Église de France au service du régime comme auxiliaire spirituel du gendarme, mais, en contrepartie, il abandonne toute prétention à son indépendance doctrinale en la plaçant, pour les questions de dogme, sous l'étroite dépendance du pape. De fait, si les *Articles Organiques*, prévus pour l'application pratique du Concordat, reprennent les revendications traditionnelles des milieux gallicans, Bonaparte n'a sur la religion qu'un point de vue essentiellement utilitaire, à visée de conformisme social et politique.

Par voie de conséquence, les interdits pontificaux lancés au XVIIIe siècle contre la Franc-Maçonnerie peuvent entrer en vigueur en France : les Catholiques doivent quitter les loges qui deviennent alors le refuge des indifférents en matière religieuse, voire des anticléricaux et des athées.

À dire vrai, le Concordat de 1801 a eu moins d'importance à court terme sur la désaffection du personnel religieux catholique à l'égard de la Franc-Maçonnerie que le traumatisme encore tout frais des persécutions religieuses de la Révolution, mais, à long terme, il a rendu la fracture irrémédiable, en interdisant tout retour au sein des loges. Pour être tout à fait exact, le conflit qui se dessine dépasse largement les simples relations de l'Église de France avec la Franc-Maçonnerie. La tourmente révolutionnaire a produit un raidissement doctrinal de l'Église et d'une large fraction des Catholiques qui évoluent vers l'ultramontanisme[28] et l'hostilité aux principes de la Révolution. Par voie de conséquence, la Franc-Maçonnerie n'attire plus que ceux qui ne sont pas sensibles à cette évolution et n'adhèrent donc pas aux interdits ecclésiastiques. Cela ne signifie pas qu'il y ait, dès le début du XIXe siècle, prédominance d'athées au sein des loges. Le fait d'afficher, par réaction à l'ultramontanisme, une hostilité au «*fanatisme ecclésiastique*», comme on disait alors, n'est pas exclusif de préoccupations spiritualistes proches soit de tendances catholiques marginales qui ne perdent pas espoir de «*régénérer*» l'Église, soit de tendances franchement occultistes. On n'en est pas encore à la Franc-Maçonnerie athée et férocement anticléricale. Mais on est cependant au début d'un mouvement systémique qui conduit progressivement les deux protagonistes, maçonnique et ecclésiastique, à monter aux extrêmes.

Le rôle du premier Empire a été par ailleurs déterminant dans la politisation de la Franc-Maçonnerie française et d'une large fraction de la Maçonnerie de l'Europe continentale.

Napoléon et ses frères francs-maçons.

La question de savoir si Napoléon 1er, lui-même, a été Franc-Maçon reste discutée : il n'y a pas de preuve véritable et sa personnalité cadre mal avec une appartenance effective à l'Ordre. En revanche, ses frères Joseph, Jérôme et Louis, comme de très nombreux proches aussi bien civils que militaires, étaient Francs-Maçons, ce que l'empereur ne pouvait ignorer, mieux même, beaucoup d'indices montrent que le nouveau régime s'est délibérément servi de l'Ordre.

En 1800, selon une publication maçonnique de l'époque, le *Miroir de la Vérité* du Frère Abraham, 74 loges sont en fonctionnement au sein du Grand Orient de France reconstitué sous l'égide de Roëttiers de Montaleau. Ce dernier est favorable au coup d'État du 18 Brumaire et au nouveau régime. Il est représentatif d'une génération qui souhaite que les acquis sociaux et économiques de la Révolution (vente des biens du clergé et des émigrés, fin de la réglementation corporative, fin des privilèges de la noblesse et ouverture de toutes les carrières à la grande et moyenne bourgeoisie) soient maintenus; mais elle attend qu'il soit mis un terme aux excès populaires pour pouvoir en jouir en toute sécurité. Or, le Consulat, puis son prolongement impérial, propose de garantir que l'on ne reviendra pas à l'Ancien Régime, mais qu'à l'inverse, on ne risquera plus les menaces jacobines ou sans-culottes. C'est un programme qui ne peut que convenir à la masse des «*propriétaires*» (ainsi qu'ils désignent eux-mêmes leur état social) que l'on découvre sur les tableaux de loges dans la première décennie du siècle.

Mais on va aller plus loin que cette alliance objective fondée sur des intérêts bien compris.

Autant l'Ancien Régime pouvait se montrer débonnaire, prohibant en principe la Franc-Maçonnerie qui n'appartenait pas aux corps reconnus, mais tolérant de fait ses réunions et ses groupes, autant le nouveau régime se montre plus rigoureux, dès qu'il est question d'ordre public. La police est toute-puissante et tout rassemblement immédiatement suspect de conspiration. Dès le début, la règle s'instaure pour les loges de se signaler aux préfets, de demander les autorisations nécessaires à leurs réunions, lesquelles peuvent être révoquées à tous moments, sans explication. Pour pouvoir se réunir «librement», il fallait donc donner des gages. Or, dans le même temps, Napoléon recherche la création ou le contrôle de structures pour étayer son pouvoir, contrôler l'opinion publique et lutter contre la division politique après la période d'anarchie républicaine. La Franc-Maçonnerie lui offre la possibilité d'un réseau répandu sur toute la surface de l'Empire et pouvant intéresser les nouvelles élites et les couches intermédiaires de la population. Comme le résume Jean Étienne Portalis, Franc-Maçon et ministre des Cultes à partir du 10 juillet 1804, «*il a été infiniment sage de diriger les sociétés maçonniques, puisqu'on ne pouvait les proscrire. Le vrai moyen de les empêcher de dégénérer en assemblées illicites et funestes a été de leur accorder une protection tacite, en les laissant présider par les premiers dignitaires de l'État*»[29]. C'est ainsi qu'en novembre 1804, Joseph Bonaparte devient Grand-Maître du Grand Orient de France, secondé par son frère Louis comme Grand-Maître adjoint, avec deux administrateurs généraux, les deux anciens consuls Jean-Jacques Cambacérès et Charles François Lebrun. En 1805, Cambacérès, ami de Roëttiers de Montaleau, archichancelier et sénateur de l'Empire, couvert de titres par Napoléon 1er, remplace Louis Bonaparte, comme Grand-Maître adjoint. C'est lui, jouant, en quelque sorte, le même rôle que Luxembourg auprès du duc d'Orléans, qui est désormais le véritable maître de la Franc-Maçonnerie française. Il est l'avocat de l'Ordre auprès de l'Empereur, mais surtout l'œil de l'empereur au sein de la Maçonnerie. Il n'est pas le seul d'ailleurs, au point que les mauvaises langues ont pu dire que le conseil directeur du Grand Orient n'était que le décalque de l'état-major de la Grande Armée. On y trouve, en effet, 11 maréchaux d'Empire, dont Masséna, Murat, Macdonald, Augereau, Lefebvre. Les civils ne sont pas oubliés, puisqu'on y trouve cinq ministres, des sénateurs, le président du Sénat et celui de la Cour de cassation.

Sous cette direction politiquement sûre, la Franc-Maçonnerie française connaît un développement quantitatif impressionnant. Daniel Ligou relève 114 loges et chapitres de Hauts Grades en 1802, 300 en 1804, 664 en 1806, 1161 en 1810 et 1219 en 1814 pour tout le territoire impérial, dont 73 loges régimentaires (quand il y en avait 68 en 1789). Ce prodigieux essor s'accompagne d'un spectaculaire culte de la personnalité napoléonienne qui se traduit aussi bien dans le titre distinctif des Loges où les «*loges de Saint Napoléon*» remplacent les «*loges de Saint-Jean*», aussi bien en France que dans les pays occupés (on trouve des loges «*Saint Napoléon*» à Angers comme à Corfou ou à Gênes). La famille impériale n'est pas oubliée, puisqu'on trouve des loges «*Saint Joseph*», en hommage au Grand-Maître, des loges «*Sainte Joséphine*», puis des loges «*Marie-Louise*» en hommage aux deux impératrices successives, des loges «*Naissance du Roi de Rome*» (Cologne) ou «*Berceau du Roi du Rome*» (La Haye), voire une loge «*Saint Joachim*» (Düsseldorf), pour le roi de Naples et maréchal de France Murat, et une loge «*Eugène Napoléon*» (Zadar sur la côte dalmate) pour Eugène de Beauharnais[30]. Il faut ajouter à cela une débauche hagiographique qui voit les Maçons rivaliser dans la flagornerie: odes et poèmes à la gloire de l'Empereur ou des dignitaires maçons de l'Empire, discours pompeux, installation du buste de l'Empereur au cours de cérémonies maçonniques, fêtes maçonniques à chaque victoire ou événement marquant.

Qui participe à cette maçonnerie impériale? En faible nombre, on trouve les survivants de la Maçonnerie d'Ancien Régime. On retrouve quelques noms de l'ancienne noblesse parmi les ralliés à l'Empire: Choiseul-Praslin, Luynes, Ségur. Mais, pour l'essentiel, la population maçonnique est nouvelle sur les colonnes: outre l'immense cohorte des «*propriétaires*» déjà rencontrée, il faut noter le nombre très important des fonctionnaires impériaux et des militaires, généraux, préfets, magistrats et maires en tête. Réussite sociale, conformisme mondain et loyalisme politique semblent être les critères à l'entrée dans des loges où l'on ne parle plus philosophie, qu'elle soit des Lumières ou occulte. Le suivisme politique est une innovation de la Maçonnerie d'Empire. Certes, la Révolution, dans les «*loges patriotes*», avait déjà rompu avec la traditionnelle neutralité politique et religieuse. Mais il ne s'agissait que de cas particuliers et non d'un système voulu et dirigé par le pouvoir à l'échelle de l'État. La Franc-Maçonnerie napoléonienne est bien alors le «*parti spirituel*» sur lequel le régime s'appuie pour contrôler l'opinion publique en France. Cependant, cette quasi-institutionnalisation de la Maçonnerie a abouti, paradoxalement, à en faire un lieu relativement protégé où, à condition de faire preuve d'une certaine prudence, des dissidents politiques peuvent s'abriter. En effet, même surveillées par la police et les autorités constituées, les loges n'en continuent pas moins d'avoir un mode de fonctionnement discret, des pratiques rituelles qui leur confèrent toujours une identité fondée sur un vécu commun. Elles constituent finalement le seul lieu de sociabilité collective autorisé où, après avoir donné les signes extérieurs de conformité, on est tranquille. Par ailleurs, la politisation officielle de l'Ordre au service du régime impérial, en levant les interdits traditionnels, entraînait en retour des adversaires de l'Empire à politiser certaines loges à leur profit. C'est surtout vrai des républicains jacobins, restés hostiles à la confiscation de la république populaire par l'armée; les royalistes, quant à eux, en voie de ralliement au catholicisme ultramontain, se méfient de plus en plus de la Franc-Maçonnerie et préfèrent constituer leurs propres sociétés secrètes, comme *les Chevaliers de la Foi*, qui imitent cependant le modèle maçonnique.

Dans les territoires conquis, soit annexés à l'Empire ou érigés en États vassaux, la Franc-Maçonnerie joue un autre rôle et prend une autre coloration, mais toujours pour la plus grande gloire de l'Empire.

Il ne faut pas se le cacher : les encouragements que le régime napoléonien prodigue à la Franc-Maçonnerie dans les pays agrégés à l'Empire visent à la constitution d'un réseau de collaborateurs dévoués à l'occupant français et, si possible, recrutés dans les meilleures classes de la société. Il y a plusieurs manières de procéder : soit la création émane directement du GODF, soit elle émane d'une structure maçonnique autochtone mais patronnée par le pouvoir napoléonien ou ses représentants. Ainsi, Daniel Ligou relève 192 loges créées ou réactivées par les Français, dont 53 en Italie, 42 en Allemagne, 34 en Belgique, 22 en Suisse, 14 aux Pays-Bas et 13 en Espagne. La plupart du temps, la création s'appuie sur une loge militaire de l'armée d'occupation, renforcée par les inévitables fonctionnaires civils et les marchands qui suivent les armées. Puis ces loges accueillent des autochtones, soit des volontaires locaux qui vont servir dans la Grande Armée en constituant des unités nationales, soit des civils qui, pour des raisons d'intérêt ou d'idéologie choisissent le camp français. Ensuite, l'évolution de chacune de ces loges permet plusieurs cas de figure avec des proportions variables d'étrangers : dans certaines loges, les étrangers peuvent constituer la majorité, voire la totalité de l'effectif. Le style politique de ces loges est différent de celui des loges françaises proprement dites. Si les deux groupes communient dans l'hagiographie impériale, en France le pouvoir se méfie des idées philosophiques ou politiques, toujours suspectes d'alimenter la constitution de factions et de conspirations. En revanche, dans les territoires conquis ou soumis, l'Empire n'oublie pas qu'il est l'héritier et le continuateur de la Révolution face à l'Europe des monarchies. Ses soutiens naturels sont alors les sympathisants des Lumières, d'une manière générale, et, dans les pays catholiques, les «*ennemis du fanatisme*», traduisons : de l'Église catholique romaine. C'est à ce même public que sont destinées les obédiences «nationales» fondées par les Français en Italie, comme le Grand Orient d'Italie pour les loges bleues et le Suprême Conseil d'Italie pour les Hauts Grades du nouveau Rite Écossais Ancien et Accepté en 1805, dont Eugène de Beauharnais devient à la fois Souverain Grand Commandeur et Grand-Maître. Il en va de même pour le Grand Orient et le Suprême Conseil du royaume de Naples fondés respectivement en 1808 et 1809 par les soins du roi... Joseph Bonaparte. Lorsque ce dernier part en Espagne, c'est tout naturellement son successeur Joachim Murat qui le remplace dans ces fonctions maçonniques locales.

En Europe du Sud, Espagne et Italie principalement, la lutte contre le «*fanatisme*», à laquelle la Franc-Maçonnerie est associée, s'intensifie à partir de 1807 quand le conflit éclate entre le pape Pie VII et Napoléon 1er et aboutit en 1809 à l'emprisonnement du pape par l'Empereur et à l'excommunication du second par la premier. En Espagne, le mouvement est particulièrement net, qui s'appuie sur la suppression de l'Inquisition par le gouvernement du roi Joseph, laquelle s'était opposée efficacement, tout au long du XVIIIe siècle, à l'épanouissement de la Franc-Maçonnerie sur le sol espagnol. Ainsi, dans ce pays, la collaboration qui nourrit la *Masoneria Bonapartista* est d'abord idéologique, par hostilité à la monarchie traditionnelle et à l'influence de l'Église.

• La Franc-Maçonnerie européenne contre la Sainte Alliance ?

- Aux origines de la déviation politique

La Franc-Maçonnerie de l'époque impériale nous semble fondatrice, pour la France et quelques pays de la mouvance du Grand Empire, de la problématique maçonnique moderne. C'est un fait qui n'est pas assez souligné par les historiens français, en général, et les historiens maçons, en particulier. Lorsqu'ils parlent du Grand Empire, les historiens français préfèrent mettre l'accent sur la dimension jugée libératrice de l'extension du code civil ou de l'implantation de «*germes*» des mouvements révolutionnaires ultérieurs de 1830 et 1848. Et, lorsque l'on pointe l'autoritarisme et la dimension policière de l'Empire napoléonien, on objecte les distorsions que la personnalité puissante de l'Empereur et les circonstances ont apportées aux «*bons*» principes de la Révolution. Ce qui permet de rejeter du même mouvement les rigueurs de l'occupation française sur les brutalités inévitables d'une soldatesque, instrument inconscient, à terme, de la libération démocratique. Certes, au regard d'une autre occupation célèbre, au détriment de la France cette fois, on a de la peine dans ce pays à concevoir l'armée française comme occupante brutale et la philosophie des Lumières comme la justification idéologique d'une collaboration. Les historiens maçons, quant à eux, ont beaucoup de peine à admettre que la Franc-Maçonnerie a pu jouer le rôle de cadre privilégié à cette collaboration. Ce qui explique sans doute que les recherches approfondies sur ce thème soient peu nombreuses en langue française. Pour ce qui est de la Franc-Maçonnerie française, les historiens maçons considèrent le plus souvent la Maçonnerie impériale comme une parenthèse dans l'histoire de l'Ordre, une parenthèse certes peu glorieuse où l'on a vu la servilité des Maçons atteindre des sommets, mais une parenthèse tout de même. La meilleure preuve étant la chute brutale des effectifs au moment de la Restauration, preuve, dit-on, du peu de sincérité maçonnique des Maçons napoléoniens.

C'est sans doute s'exonérer à bon compte de la nécessité d'une réflexion critique sur les conséquences des pratiques et des options qui se sont ancrées durant cette période.

Dans les pays catholiques, Italie et Espagne particulièrement, le retrait napoléonien, après 1814, a laissé les Maçons du cru en mauvaise posture avec une réputation de traîtres et un lourd contentieux avec l'Église catholique à nouveau toute-puissante. L'Église, meurtrie par la succession des épisodes révolutionnaire et napoléonien, trouve naturellement sa place dans le dispositif idéologique anti-révolutionnaire que la Sainte Alliance met en place. Là où elle est historiquement puissante, elle veut par un raidissement disciplinaire éviter toute réédition d'événements qui ont, partout, très nettement pris une teinte anti-catholique. L'abbé Barruel lui a fourni la clé idéologique qui lui permet de réinterpréter son hostilité traditionnelle à la Franc-Maçonnerie : il ne s'agit plus seulement pour elle d'une rivale spirituelle mais d'une organisation soupçonnée de vouloir la détruire.

- Le cas espagnol

En Espagne, le retour sur le trône de Ferdinand VII et le rétablissement de l'Inquisition donnent le signal d'une répression féroce contre la Franc-Maçonnerie. L'appel à la délation aboutit à l'exil, à l'emprisonnement, voire à l'exécution de nombreux Francs-

Maçons espagnols. Dès cette époque, si tous les libéraux qui contestent le rétablissement de l'absolutisme des Bourbons et de la toute-puissance de l'Église ne sont pas Francs-Maçons, tous les Francs-Maçons sont libéraux. Ils vont se fondre, de 1814 à 1833, avec les sociétés secrètes politiques qui complotent contre l'ordre rétabli. Sous le règne d'Isabelle II, la Franc-Maçonnerie reste interdite, mais la répression s'atténue, ce qui permet à la Maçonnerie espagnole de se réorganiser, avec notamment la fondation d'un Grand Orient Ibérique en 1846. Mais l'orientation politique libérale reste fondamentale. Et, de fait, les Francs-Maçons prennent une part active, quoique modeste du fait de leur faible nombre, à la révolution de 1868 qui, proclamant la liberté de pensée et d'association, leur a largement profité. De cette période dure où les Francs-Maçons ont parfois payé un lourd tribut, la Franc-Maçonnerie espagnole conserve une coloration particulière où la mystique et l'ésotérisme ont peu de place: elle est essentiellement républicaine, libre penseuse et révolutionnaire.

- L'Italie du *Risorgimento*

En Italie, les choses sont semblables. Là aussi, les Francs-Maçons orphelins de l'Empire napoléonien sont des libéraux et des anticléricaux qui se trouvent en butte à l'alliance des trônes restaurés et de la papauté rétablie dans ses États et prérogatives. Le contexte italien, cependant, est différent. L'Inquisition y est moins puissante et, surtout, la fragmentation politique de la péninsule, comme le maintien dans l'Empire autrichien d'importantes portions de territoires italiens, permet de poser rapidement la question de l'unité nationale qui ne peut se faire que contre les monarchies rétablies et contre l'Église, puisque celle-ci est aussi une puissance temporelle. Pour ces raisons, le mouvement national en Italie est nécessairement libéral, anticlérical, voire républicain. Les Francs-Maçons italiens vont pouvoir y trouver leur place et obtenir une légitimité qui fait défaut à leurs frères espagnols. Dans l'immédiat, en 1814, les loges maçonniques sont interdites dans tous les États restaurés et les Maçons libéraux vont se trouver disponibles pour d'autres aventures, notamment celle des complots carbonaristes.

La *Charbonnerie*, *Carboneria* en Italie, est un phénomène qui, pour ses rapports avec la Maçonnerie, se rapproche des *Illuminés*. Mais, autant l'on sait par qui et quand ont été créés les *Illuminés*, autant il est difficile de saisir les origines exactes de la Charbonnerie, et surtout les voies de sa mutation en société secrète politique. À l'origine, il semble qu'il s'agisse d'une initiation de métier, celle des *Bons Cousins Charbonniers*, confectionnant dans les forêts le charbon de bois, longtemps utilisé dans la métallurgie avant le charbon de terre. La fréquentation de lieux sauvages hors de tout encadrement ecclésiastique et politique rendait traditionnellement les Charbonniers suspects aux yeux des pouvoirs constitués. Les *Bons Cousins* possédaient des grades initiatiques et une organisation semblable à la Franc-Maçonnerie, dont la structure de base, analogue à la loge, était la *Vente*. Dans des circonstances mal élucidées, d'une manière semble-t-il indépendante en France et en Italie, des fugitifs républicains et bonapartistes purent y trouver refuge et les phagocytèrent au point de les transformer complètement en sociétés secrètes politiques dès 1814-1815. À partir de là, les rapports des Francs-Maçons français et italiens avec la *Charbonnerie/Carboneria* divergent.

Les Francs-Maçons italiens, privés de la possibilité légale de tenir loge, semblent être passés en nombre dans les ventes carbonaristes. Inversement, de nombreux carbonaristes se font initier Maçons dans leurs périodes d'exil à l'étranger. La Charbonnerie italienne est surtout active dans les années 1815-1830. Sans disparaître, elle se voit ensuite supplantée dans son rôle de fer de lance du mouvement national et libéral italien, par la nouvelle organisation que crée, en 1831, le carbonaro Giuseppe Mazzini (1805-1872) : la *Jeune Italie*. Mazzini, uniquement préoccupé d'efficacité révolutionnaire, ne croit pas à l'efficacité de la Charbonnerie ou de la Franc-Maçonnerie pour la cause de l'unité italienne. Il estime, sans leur être hostile, que ces mouvements sont trop élitistes et handicapés par leur caractère initiatique, qu'il juge dépassé, pour être vraiment efficaces. La *Jeune Italie* se veut, à l'inverse, un vrai parti politique révolutionnaire moderne, adapté à la clandestinité, mais cherchant à produire une action politique de masse. Il semble que Mazzini lui-même n'ait jamais été Maçon. En revanche, de nombreux Maçons ont été membres de la *Jeune Italie*.

La figure centrale qui lie de manière organique la Franc-Maçonnerie au mouvement national italien se trouve plutôt en la personne de Giuseppe Garibaldi. C'est certainement l'un des personnages les plus hauts en couleur de l'histoire italienne, à mi-chemin du condottiere et du révolutionnaire romantique. Né à Nice en 1807, il fait d'abord carrière dans la marine marchande, avant de rencontrer Mazzini en 1833 et de se lancer dans l'action révolutionnaire à ses côtés. Après l'échec de la révolution à Gênes en 1834, Garibaldi est contraint à fuir jusqu'en Amérique du Sud où il demeure jusqu'en 1848, mettant son épée au service d'abord de la République du Rio Grande del Sul en révolte contre l'empereur du Brésil, puis de l'Uruguay en butte aux attaques argentines. Il s'y taille une réputation d'héroïsme qui le précède en Europe. C'est d'ailleurs à Montevideo, en 1844, qu'il est reçu Franc-Maçon. Revenu en Italie pendant les révolutions de 1848, il tente héroïquement de défendre la nouvelle République romaine contre une armée française venue restaurer le pape dans son État. Lors de la chute de Rome, le 1er juillet 1849, il réussit à briser l'encerclement et à sauver la plus grande partie de ses hommes. À nouveau proscrit, il se réfugie aux États-Unis et ne revient en Italie que pour se rallier à la politique réaliste du Piémontais Cavour, décidé à faire l'unité italienne autour de la Maison de Savoie avec l'aide de l'ancien carbonaro Louis Napoléon Bonaparte devenu l'Empereur des Français Napoléon III. Cette option l'éloigne de son ami Mazzini. En 1860, il conduit la célèbre expédition des Mille qui enlève la Sicile et Naples aux Bourbons. Tenté un instant de proclamer la république, il finit par saluer Victor-Emmanuel II comme roi d'Italie. En 1870, sans tenir rancune à la France d'avoir annexé Nice, sa ville natale, il vient combattre à ses côtés contre l'envahisseur prussien. Il meurt en 1882. Devant cette vie bien remplie, on s'étonne que Garibaldi ait encore trouvé du temps pour s'occuper de Franc-Maçonnerie. Pourtant, il a toujours poursuivi ses activités maçonniques, au point que le Grand Orient d'Italie le désigne comme Grand-Maître honoraire à vie, façon également de récompenser le patriote. S'il est vrai, ainsi que le souligne Anna Maria Isastia, que «*c'est dans un contexte où la sociabilité des loges participe activement aux événements et est utilisée à des fins politiques que son parcours maçonnique doit être resitué*»[31], l'appartenance de Garibaldi à un rite maçonnique réputé ésotérique, le rite «*égyptien*» de Memphis, pour lequel il accepte d'être nommé *Grand Hiérophante Général* (c'est-à-dire, chef mondial du rite) un an avant sa mort, suggère qu'il y trouvait sans doute d'autres intérêts.

Garibaldi peut être considéré comme le symbole d'une Franc-Maçonnerie italienne qui s'est cherchée tout au long du XIXe siècle entre clandestinité et engagement libéral puis démocrate, et surtout national. Avant 1859, date de la fondation officielle d'une loge à Turin, au cœur politique du nouveau royaume d'Italie, cette évolution est difficile à préciser; après, la Franc-Maçonnerie italienne apparaît effectivement comme le réceptacle de ceux qui militent pour une Italie unifiée, dégagée de la tutelle de l'Église et attentive aux droits individuels. Vers la fin du XIXe siècle, elle suit une dérive vers la gauche socialiste analogue à la Maçonnerie française. Mais, à l'inverse de celle-ci, qui s'est trouvée en opposition avec le nationalisme français, la Maçonnerie italienne, du fait de l'engagement des Maçons dans le Risorgimento, n'a jamais pu être accusée d'être antinationale.

- Les options divergentes des Maçonneries belge et néerlandaise

Les Provinces-Unies, après avoir été érigées en République batave en 1795, en royaume taillé sur mesure pour Louis Bonaparte en 1806, sont finalement purement et simplement annexées à l'Empire en juillet 1810. La Belgique actuelle correspondait avant 1789 aux Pays-Bas autrichiens, lesquels sont annexés à la République française en 1795. En 1814, les Provinces-Unies retrouvent leur indépendance sous le nom de royaume des Pays-Bas et, pour faire bonne mesure, héritent de la Belgique arrachée à la France.

Du point de vue maçonnique, les deux ensembles vont avoir une évolution différente. Sous l'Empire, la Belgique faisant partie intégrante de la France, c'est la juridiction du GODF qui s'y applique. En Hollande, une Grande Loge Nationale Écossaise est fondée en 1803 et adopte les usages français, tout en demeurant juridiquement autonome jusqu'à l'annexion. À partir de ce moment, le Grand Orient de France tente d'y prendre pied en fondant des loges sous sa direction et en essayant à son tour d'annexer l'obédience hollandaise en 1812. Les Maçons hollandais font de la résistance et, de toute façon, l'effondrement de l'Empire règle la question. La préservation discrète mais acharnée de leur autonomie a permis aux Maçons hollandais de limiter l'emprise de la Maçonnerie impériale. Après 1815, ils se rapprochent plutôt de la Maçonnerie anglaise. Le pays ne comptant qu'une minorité catholique, ils sont moins sensibles aux décrets d'excommunication, donc, par voie de conséquence, ils ne développent pas d'engagement politique anticlérical. Par ailleurs, comme en Grande-Bretagne, la famille royale est très proche de la Franc-Maçonnerie (le prince Frédéric des Pays-Bas est Grand-Maître durant 65 ans) et l'élite économique et politique du pays s'y fait recevoir, ce qui exclut toute idée de subversion.

Lorsque la Belgique est rattachée aux Pays-Bas, la Maçonnerie belge est détachée du GODF et rattachée, de même, à la Grande-Maîtrise du prince Frédéric, tout en obtenant une Grande Loge autonome siégeant à Bruxelles. Or, les difficultés linguistiques et politiques qui aboutissent à la sécession belge de 1830 portée par la bourgeoisie francophone, produisent les mêmes effets en Maçonnerie et aboutissent à la création d'un Grand Orient de Belgique indépendant en 1833. Mais, la situation intérieure belge est profondément différente de la situation hollandaise. Les anciens Pays-Bas autrichiens doivent à leur situation de frontière de catholicité depuis la Réforme protestante d'avoir été une zone particulièrement exposée à la Contre-Réforme catholique, d'où une masse paysanne fortement catholique, notamment en Flandre, et un anticléricalisme réactif, notamment dans la bourgeoisie francophone où se recrutent surtout les Francs-Maçons belges. L'Église catholique, profitant de sa position privilégiée en Belgique, fait passer en force sa politique d'excommunication des Francs-Maçons, avec refus des sacrements, sauf repentance publique. Par réaction, le Grand Orient de Belgique se politise et entame une lutte culturelle contre le catholicisme. C'est ainsi qu'il est à l'origine du Parti Libéral qui combat désormais les forces politiques catholiques et qu'il parraine la création de l'Université Libre de Bruxelles pour lutter contre l'emprise catholique sur l'enseignement. Il est aussi la première obédience maçonnique à répudier la référence au Grand Architecte de l'Univers en 1870, montrant la voie au Grand Orient de France.

- L'ambiguïté allemande

La Franc-Maçonnerie est presque autant chez elle en Allemagne qu'en Angleterre ou en France. Le roi de Grande-Bretagne est aussi Électeur de Hanovre, ce qui crée l'un des ponts par lesquels la Maçonnerie Spéculative est arrivée en Allemagne à partir de 1730. La première loge attestée l'est à Hambourg en 1737 et ce sont des membres de cette loge qui recoivent le prince héritier du royaume de Prusse, le futur Frédéric II, en 1738. Sous le règne de ce dernier, la Maçonnerie connaît un important développement en Prusse en relations étroites avec la famille des Hohenzollern. C'est sans doute par l'intermédiaire de la France, dans la première moitié du XVIIIe siècle, que l'Allemagne connaît la Franc-Maçonnerie écossaise des Hauts Grades. En retour, elle lui fournit la systématisation des rites templiers. Au plan de l'organisation, la Maçonnerie allemande suit l'éparpillement des États allemands.

Lorsque l'Empire français intervient en Allemagne, les choses se différencient, selon que les États allemands sont subjugués par la France, deviennent ses alliés ou demeurent indépendants. En Rhénanie annexée et transformée en départements français, c'est naturellement le GODF qui s'implante, la Maçonnerie y jouant explicitement le rôle de moyen de rapprochement et d'assimilation des élites allemandes à celles françaises. Dans le royaume de Westphalie, gouverné par Jérôme Bonaparte, Maçon lui-même, la situation est à peu près la même sous couvert d'un Grand Orient de Westphalie. Même situation en Bade où un Grand Orient de Bade se met en place sous tutelle française en 1806. Des situations semblables se constatent jusqu'à Hambourg.

En Bavière, la situation est différente. L'Électorat de Bavière entre dans l'alliance française, sanctionnée par un mariage entre la princesse Augusta et Eugène de Beauharnais. Puis, Napoléon l'érige en royaume et fait tout pour le renforcer. La Bavière conserve donc une autonomie certaine, ce qui se traduit aussi dans le domaine maçonnique. En effet, en Bavière, la Franc-Maçonnerie, comme toutes les sociétés secrètes, se trouve interdite depuis 1785 et la découverte des menées subversives des *Illuminés*. Dans un premier temps, la France n'y impose pas le retour de la Franc-Maçonnerie et le roi Maximilien-Joseph, qui a bien perçu l'influence française qui se cache derrière la Maçonnerie, ne tient pas à ce retour. Le remodelage de la carte géopolitique de l'Allemagne modifie cette donnée. Le nouveau roi de Bavière est aussi duc de Zweibrücken sur la rive gauche du Rhin. Napoléon 1er lui enlève ce duché ainsi que tous les territoires bavarois à l'ouest du Rhin, mais comme il ne tient pas à s'aliéner son allié, en échange il lui fait remettre un certain nombre de domaines d'abbayes et de villes libres, dont Augsbourg, Ratisbonne, Nuremberg et Bayreuth, où la Franc-Maçonnerie était licite. De fait, le roi de Bavière doit désormais accepter la Maçonnerie, mais il sait imposer une Grande Loge, établie à Bayreuth, ne dépendant d'aucune autorité extérieure.

À l'inverse, la Prusse, même plusieurs fois vaincue et humiliée par Napoléon, amputée d'une partie de son territoire, n'est que marginalement occupée. La Franc-Maçonnerie prussienne, divisée en trois obédiences, ne subit pas l'empreinte française et son existence ne fut jamais remise en question. Pourtant, en 1794, l'empereur d'Autriche, qui croyait au «*complot maçonnique*», avait demandé à la Diète impériale de Ratisbonne que tous les États allemands prennent des mesures d'interdiction de la Franc-Maçonnerie. Le roi de Prusse avait refusé: il savait que la Maçonnerie prussienne, qui regroupait les plus fidèles soutiens des Hohenzollern, ne pouvait constituer un foyer d'opposition. En 1798, cependant, il prit la précaution de bien faire établir que seules les trois obédiences prussiennes pouvaient autoriser des loges sur le territoire du royaume, en même temps que leurs chefs devenaient responsables devant lui. D'une part, ces mesures soumettaient les Grandes Loges prussiennes à la tutelle du roi, mais, en contre-partie, elles les protégeaient contre toute politique antimaçonnique. Et, de fait, alors que, partout ailleurs en Allemagne, la chute de Napoléon entraîne la chasse aux collaborateurs et donc la proscription des loges maçonniques, en Prusse, la Maçonnerie peut continuer à travailler sans être inquiétée.

Dans l'ouest de l'Allemagne, après la fin du Grand Empire, il fallut attendre les années 1840 pour que la Maçonnerie ose sortir de la clandestinité. Si l'on examine la carte de la Maçonnerie allemande sous influence française, on s'aperçoit qu'il y a corrélation avec les implantations de ce qui s'appellera «*Franc-Maçonnerie humanitaire*» à la fin du XIXe siècle, développant des positions idéologiques de gauche proches des autres Maçonneries continentales. À l'inverse, les Maçonneries prussiennes sont davantage fidèles à leurs traditions anciennes, fières de leur loyauté à l'égard de la couronne et nationalistes sans état d'âme. Ce qui ne va pas sans conflit doctrinal entre les diverses branches de la Maçonnerie allemande. Quant à la Franc-Maçonnerie bavaroise, elle maintient, après la proclamation de l'Empire allemand, la spécificité de l'Allemagne du Sud face aux prétentions prussiennes. C'est l'un des traits dominants de la Franc-Maçonnerie allemande d'être demeurée résolument polycentrique jusqu'à Hitler.

Pour conclure ce bref panorama des destinées maçonniques dans la partie de l'Europe qui fut sous influence française, on peut émettre l'hypothèse que la politisation de cette Maçonnerie continentale, en opposition avec la Maçonnerie anglo-saxonne qui continue de proscrire l'engagement politique en loge, tient pour une large part à son instrumentalisation politique par l'État napoléonien. Après la chute du Grand Empire, les loges n'ont pas été proscrites en raison de leur identité maçonnique, mais en raison des positions politiques, idéologiques et religieuses qu'elles avaient prises comme courroie de transmission de l'Empire français. La preuve *a contrario* est apportée par les obédiences maçonniques qui n'ont pas été soumises aux Maçons français, comme en Prusse, ou qui ont su conserver des distances prudentes, comme en Hollande ou en Bavière qui, de ce fait, n'ont pas été inquiétées après la fin de Napoléon. En bonne logique, ayant joué et perdu une partie politique, les Francs-Maçons libéraux de la mouvance française se sont vus appliquer l'éternel « *Vae Victis!*» par ceux qu'ils n'avaient pas ménagés auparavant. Il faut, à l'inverse, convenir que leurs adversaires, revenus au pouvoir, ne brillèrent ni par la subtilité, ni par l'intelligence politique. Réactiver l'Inquisition en Espagne avec le décorum désuet de ses exécutions publiques, c'était donner corps aux pires fantasmes anticléricaux, comme justifier a posteriori la collaboration avec l'Empire napoléonien. Le raidissement disciplinaire de l'Église catholique s'accompagne en outre d'un appauvrissement intellectuel qui la place en position de faiblesse face à ses contempteurs. Bientôt, il lui faudra sortir le Diable lui-même de sa boîte pour tenter d'expliquer ses reculs[32]. Enfin, dans les pays latins, l'alliance de l'Église et des forces socialement les plus conservatrices, dans l'espoir vain de figer la situation au prix de la justification des pires injustices, semblait prouver aux Francs-Maçons libéraux et démocrates la justesse de leurs engagements. Comme il arrive souvent, par effet de système, la répression fait le tri, élimine les tièdes et conduit à la radicalisation des positions.

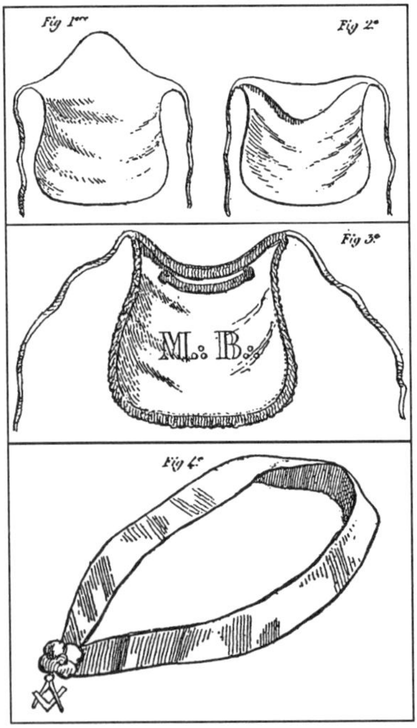

Tablier d'Apprenti et de Compagnon.
Tablier de Maître.
Cordon et bijou de Maître.
Tuileur de Vuillaume, 1830.

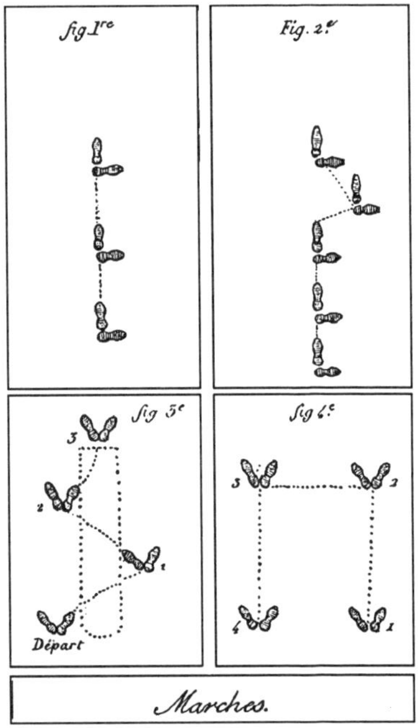

Marches
des
Apprentis, Compagnons et Maîtres.
Tuileur de Vuillaume, 1830.

Partie III

FRANC-MAÇONNERIES « RÉGULIÈRE » ET « IRRÉGULIÈRE »

Le XVIIIe siècle est en même temps l'âge d'or qualitatif et quantitatif de la Franc-Maçonnerie, l'époque de sa plus grande créativité symbolique et le moment où se nouent toutes ses possibles évolutions spirituelles, intellectuelles et politiques. Le XIXe siècle, est, quant à lui, celui de la solidification progressive de l'Ordre sur des positions qui éloignent de plus en plus les diverses branches de la Maçonnerie les unes des autres.

Posons alors, l'une en face de l'autre, la Franc-Maçonnerie britannique et la Franc-Maçonnerie française qui représentent, presque à l'état pur, les deux modèles par rapport auxquels les autres Maçonneries nationales vont se déterminer.

Chapitre I

Rule Britannia ou la Franc-Maçonnerie pour l'Empire britannique

• Naissance de la Grande Loge Unie d'Angleterre

En Angleterre, les prétentions de la Grande Loge de Londres à régenter seule la Maçonnerie n'avaient jamais été totalement acceptées. On se souvient ainsi qu'en 1751, une *Grande Loge des Anciens* était apparue en rivale de la Grande Loge de Londres, que l'on désigne dès lors comme la *Grande Loge des Modernes*. Nous savons que les divergences entre les deux obédiences étaient autant sociales que rituelles et religieuses. Le principal reproche que les Anciens faisaient aux Modernes était d'avoir pris des libertés avec les rituels des Maçons opératifs et d'avoir déchristianisé leur esprit. Il semble également que les Anciens aient été plus sensibles que les Modernes à des préoccupations ésotériques.

Contrairement aux espoirs des Modernes, la Grande Loge des Anciens sut se maintenir en se plaçant, elle aussi, sous le patronage de puissants personnages, notamment des ducs écossais d'Atholl qui vont assumer la Grande Maîtrise de 1771 à 1813, mais aussi en profitant des déboires financiers de la Grande Loge de Londres qui, contrainte d'augmenter ses cotisations, vit fuir un certain nombre de ses loges vers l'asile, financièrement moins lourd, des Anciens.

La Révolution française, et le contexte de guerre qu'elle entraîne entre la France et la Grande-Bretagne, ont un effet indirect sur l'évolution de la Maçonnerie britannique. Non qu'on la soupçonne sérieusement de vouloir jouer les « *cinquièmes colonnes* » révolutionnaires dans l'archipel : trop de grands noms de la noblesse et de piliers de la bonne société lui assurent une réputation sans faille d'honorabilité, mais la guerre entraîne des troubles sociaux. Le Premier ministre, William Pitt le Jeune, craignant la contagion révolutionnaire, prend des mesures radicales, suspendant l'*Habeas Corpus* en 1794, et interdit les réunions séditieuses, ce qui aboutit à suspendre le droit d'association en Grande-Bretagne. Les obédiences maçonniques anglaises sont alors confrontées au risque de voir interdites les réunions de leurs loges. Cette épée de Damoclès de la dissolution est l'aiguillon qui décide les Modernes et les Anciens à rechercher un terrain d'entente pour fusionner. Les négociations sont menées par le duc d'Atholl, 4e du nom, pour les Anciens, et le comte de Moira-Hastings, pour les Modernes, auxquels sont associés deux princes du sang, les ducs de Kent et de Sussex, choisis pour servir de caution politique. Le duc de Kent est proclamé Grand-Maître des Modernes et le duc de Sussex, Grand-Maître des Anciens, en 1813. Parallèlement, les Anciens créent des *Loges d'Instruction* et les Modernes tiennent, en 1809, la *Loge de Promulgation*. Il s'agissait de commissions chargées de l'étude, dans chaque Grande Loge, des conditions pour réaliser l'harmonisation des rituels et des usages propres à chacune. Finalement, l'accord se fait: la plupart des pratiques rituelles et des usages des Anciens sont acceptés mais l'organisation et les relations avec le pouvoir se font sur le pied des Modernes. Le 25 novembre 1813, un *Acte d'Union* en 31 articles est signé, donnant naissance à la Grande Loge Unie d'Angleterre. Le duc de Sussex en est le premier Grand-Maître, pendant que son frère devient son adjoint. Dans la foulée, une *Loge de Réconciliation* est créée pour unifier le rituel. Celle-ci parraine en 1823 la création de l'*Emulation Lodge of Improvment*, chargée de mettre en forme ses préconisations. D'où le nom du Rite qui en sort, le Rite dit *Emulation*. Les Anglais préfèrent pour leur part parler de *Style Emulation,* car, selon l'usage britannique qui répugne aux textes canoniques définitifs, il n'y eut pas de rituel officiel publié, d'où les variations que l'on peut encore constater autour du tronc commun.

• Au service de l'Empire britannique

La création de la Grande Loge Unie d'Angleterre donne un coup de fouet à l'expansion de la Franc-Maçonnerie britannique, d'autant qu'elle intervient au siècle où la Grande-Bretagne constitue un Empire colonial sur lequel le soleil ne se couche jamais. Si nous ne parlons ici que de la Maçonnerie anglaise, il ne faut pas oublier que les Grandes Loges d'Écosse et d'Irlande, aspirées par la même dynamique impériale, connaissent un essor similaire. En 1813, les Modernes comptaient sur leurs rôles 59 loges à Londres, 277 dans le reste de l'Angleterre et plus de 200 dans les colonies. Les Anciens comptaient 59 loges dans la capitale et 127 dans le reste du pays, soit un total de 722 loges environ. Un annuaire maçonnique de 1931, à l'apogée de l'Empire, dénombrait 5228 loges dont 1102 à Londres, 2739 en province et 642 aux colonies, le reste étant constitué des loges anglaises établies en dehors de l'Empire et des loges militaires.

Il n'est pas exagéré de soutenir que la Franc-Maçonnerie anglaise a été l'un des piliers de la politique coloniale britannique. Pour n'être pas le plus visible, elle n'en a pas moins été l'un des plus efficaces selon ses possibilités d'action. La Franc-Maçonnerie, dans les colonies, semble avoir eu deux fonctions, l'une tournée vers les coloniaux eux-mêmes, l'autre tournée vers les indigènes.

La pratique coloniale britannique cumule à la fois une colonisation de peuplement (au Canada, en Australie, en Nouvelle-Zélande, en Afrique du Sud) et une colonisation d'exploitation et d'encadrement des populations indigènes (Indes, Afrique, Égypte en partie). Dans les colonies de peuplement, les Britanniques ont à cœur de ne pas réitérer les erreurs d'administration qui leur ont valu la perte des 13 Colonies américaines. Ils passent progressivement d'un contrôle direct, parfois critiqué comme tatillon et autoritaire, à un contrôle indirect accordant une large autonomie administrative. Évolution accomplie au début du XXe siècle avec la création des Dominions. Or, le risque était grand que cette évolution vers l'autonomie ne débouche précisément sur ce que l'on voulait éviter : l'affaiblissement des liens avec la mère patrie. Il fallait donc contrebalancer l'autonomie administrative par l'intensification des liens culturels. Ce fut le rôle tout à la fois d'un style de vie britannique, d'une mystique de l'Empire et d'un certain évangélisme protestant. Dans ce dispositif, proprement métapolitique, la Franc-Maçonnerie britannique (dans une « concurrence fraternelle » entre les trois Grandes Loges anglaise, écossaise et irlandaise) a un rôle important par le simple jeu de ses caractéristiques traditionnelles. C'est d'abord le lieu de la sociabilité des élites où se rencontrent colons à demeure et ceux qui sont de passage pour leurs affaires, des raisons administratives ou militaires. Des liens personnels viennent renforcer la trame globale d'un réseau invisible. Ce réseau s'étend à la dimension de l'Empire et chaque Maçon sait que, quel que soit le lieu où les vicissitudes de la vie l'amèneront, il trouvera un noyau qui l'accueillera et facilitera son intégration. Par ailleurs, la loge est un lieu d'échange qui va au-delà de la simple durée de la tenue : c'est l'opportunité d'échanger des informations, des pratiques culturelles ou intellectuelles et de nouer des relations d'affaires. La Franc-Maçonnerie n'est certes pas la seule institution de sociabilité britannique à jouer ce rôle : les Britanniques transportent partout un style de vie où le club, le collège, les églises, certains sports et certaines distractions participent de la création d'une forte unité culturelle. Mais, si l'on met à part l'Armée et l'Église anglicane, la Franc-Maçonnerie, structurée autour des trois Grandes Loges, est peut-être la seule institution à disposer d'un réseau organisé sur l'ensemble des territoires de l'Empire. Sans compter qu'il existe une forte interpénétration entre l'Armée, la Maçonnerie et l'Église.

Dans les colonies d'exploitation, où les populations indigènes sont les plus nombreuses et où il n'y a aucun espoir de les supplanter, la Maçonnerie joue un rôle à la fois analogue pour ce qui est des Britanniques, et différent à l'égard des autochtones.

Pour les Britanniques, les mêmes causes produisent les mêmes effets, avec peut-être la nécessité d'une plus forte solidarité pour ceux qui se sentent largement minoritaires dans leur environnement. Pour ce qui est des autochtones, la Maçonnerie prend place dans un dispositif d'acculturation au sein d'une dynamique d'occidentalisation du monde.

Examinons le cas des Indes. La Maçonnerie s'y implante très tôt puisque la Grande Loge de Londres autorise la création d'une loge en 1728 au Bengale. D'autres créations s'échelonnent ensuite tout au long du XVIIIe siècle, qui voit toutes les obédiences britanniques participer au mouvement. Mais, pour l'instant, cela ne concerne que des Britanniques de souche. Le premier Indien est initié en 1775, il s'agit du fils aîné du Nawab de Carnatic. Par la suite, d'autres princes sont reçus dans les loges, ouvrant la voie à l'entrée des élites indiennes. Certains Francs-Maçons d'aujourd'hui y voient le début pour la Maçonnerie d'une ère de mélange cosmopolite sous le signe du métissage. En réalité, il s'agit plutôt de faire intervenir la Maçonnerie dans un processus de « *britannisation* » des autochtones en ensemençant les valeurs et les pratiques culturelles britanniques pour créer une classe détachée des valeurs et pratiques de son propre peuple et qui soit donc objectivement favorable à la domination coloniale. Il faut, pour ce qui est de l'Inde, resituer cela dans le contexte général de la lutte des Britanniques contre les pratiques culturelles et sociales hindoues, notamment contre le système des castes. Les loges maçonniques servent alors de lieux où sont relativisées, même si elles ne sont pas niées, les appartenances religieuses, ethniques et sociales des indigènes au profit de valeurs surplombantes amenées par les Britanniques, qui légitiment leur présence civilisatrice et... leur sentiment de supériorité, sans que cela ne se traduise par le moindre métissage.

C'est le sens sous-jacent que l'on peut retrouver dans le poème de Rudyard Kipling « *La Loge Mère* » (Mother Lodge) publié en 1896. Dans ce poème, Kipling parle de la loge qui lui a donné la *Lumière* maçonnique le 5 avril 1886, la loge *Hope and Perseverance* établie à Lahore dans l'actuel Pakistan. Il en parle d'ailleurs avec beaucoup de chaleur et d'émotion, mais ce qui nous retiendra c'est l'écho sociologique sur la composition de la loge et le message idéologique qu'il délivre. La *Loge Mère* de Kipling est composée d'Européens, Britanniques surtout, d'Hindous, de Musulmans, d'un Sikh et d'un Juif. Il ne s'agit pas d'une haute société : s'y retrouve tout un petit monde qui gravite autour de l'administration anglaise, de son armée et du commerce. Les relations paraissent ambiguës, sans fréquentation familière en dehors de la loge : « *Dehors, on se disait : "Sergent, Monsieur, Salut, Salam" — Dedans c'était "mon Frère", et c'était très bien ainsi.* » Les données interculturelles posent aussi des problèmes inédits : « *Car, tous les mois, après la tenue — Nous nous réunissions pour fumer. — Nous n'osions pas faire de banquets — De peur d'enfreindre la règle de caste de certains frères.* » C'est dans ces séances de fumoir que les Frères parlaient alors de tout, y compris de religion. Pour Kipling, il est évident que chacun progressait dans la compréhension de l'autre et que cela se faisait dans le respect des différences. Il n'y a pas lieu d'ailleurs de suspecter la sincérité de ce témoignage. Mais si, au sein de la *Loge Mère*, chacun relativise ses croyances sans les renier, dans une sorte d'universalité des différences, il le fait dans un contexte jamais mis en question : celui d'une structure de sociabilité dont le particularisme britannique est on ne peut plus affirmé. Ainsi, le cosmopolitisme affiché est loin d'être incompatible avec l'impérialisme dont Kipling fut d'ailleurs l'un des chantres les plus talentueux.

À court terme, cette acculturation occidentale en Inde n'a pas joué en faveur du maintien de la colonisation britannique : elle a plutôt nourri un anticolonialisme moderniste. Des intellectuels indiens libéraux, formés en Angleterre, fondent, en effet, le Parti du Congrès en 1885, qui va d'abord vouloir réformer les abus de la colonisation dans un cadre britannique, puis, au début du XXe siècle, avant de se transformer en mouvement radical indépendantiste. Notons que le Frère Motilal Nehru, avocat réputé et membre de la loge *Unity* d'Allahabad, accompagne le mouvement. Son fils, Jawaharlal Nehru, devient le chef du Parti du Congrès dans les années trente, l'infléchissant vigoureusement vers une gauche occidentale, avant de devenir Premier ministre de l'Inde indépendante. La Franc-Maçonnerie existe toujours en Inde, même si elle a eu du mal à se relever des conflits qui ont suivi l'indépendance de 1947 : le Pakistan islamiste l'a interdite, de même que la dictature militaire birmane. En revanche, une Grande Loge de l'Inde a été créée sous le parrainage des trois Grandes Loges britanniques. Elle compte aujourd'hui environ 250 ateliers et 13 000 membres, ce qui, rapporté au milliard d'Indiens, montre bien les limites d'un phénomène qui est bien perçu, là-bas, comme spécifiquement occidental.

• La Grande Loge Unie d'Angleterre : archétype de la « régularité » maçonnique ?

- La notion de « régularité » en Maçonnerie

La question de la «*régularité*» dans les questions maçonniques est piégée dès que posée. Au sens propre, la régularité est la conformité à la règle, c'est-à-dire à un ensemble de normes établissant à la fois des positions doctrinales intangibles et des modes de fonctionnement communs. Le problème est alors d'identifier une «*règle maçonnique*» unanimement reconnue et ne souffrant pas de divergences d'interprétation. Les *Constitutions d'Anderson* semblent, de prime abord, pouvoir jouer ce rôle. La réalité, on s'en doute, est plus complexe. Le contexte historique et la manière dont elles ont été rédigées ont donné prise à de multiples contestations doctrinales.

Si nous sautons deux siècles et prenons le cas de la Franc-Maçonnerie féminine, on peut se poser légitimement la question de sa régularité par rapport à des *Constitutions* pour lesquelles la Maçonnerie est strictement masculine. Et il ne s'agit là que d'un faible échantillon des controverses toujours actuelles autour du texte canonique d'Anderson. Le XXe siècle, par exemple, sous la triple poussée de l'occultisme romantique, de la Théosophie et du Traditionalisme guénonien s'est beaucoup posé la question de la régularité initiatique de la Franc-Maçonnerie. Les conclusions sont alors fort différentes, selon qu'on rattache l'initiation maçonnique aux mystères de l'antiquité païenne qui en constituerait le socle fondamental, revêtu d'un simple habillage chrétien au Moyen Âge, ou selon qu'on la rattache exclusivement au tronc judéo-chrétien. Sans parler des Francs-Maçons athées et matérialistes qui contestent l'idée même d'initiation. Questions d'écoles et d'interprétations mises à part, la régularité initiatique est simple à concevoir : 7 Maîtres Maçons, régulièrement initiés dans leur Rite, peuvent légitimement s'assembler en loge pour recevoir un profane : la régularité initiatique ne se fonde, en dernière analyse, que sur cette chaîne de transmission.

L'autre manière de parler de la régularité consiste à s'attacher à la régularité organisationnelle. Il y a une certaine parenté entre la régularité initiatique et la régularité organisationnelle : toutes deux se fondent sur la nécessité d'une chaîne de transmission. Mais si la régularité initiatique concerne une transmission spirituelle, la régularité organisationnelle ne rend compte, en dernière analyse et quelles que soient les justifications doctrinales, que de la transmission du pouvoir de constituer des structures filles.

La prétention de la GLUA à la détention de la régularité suprême mérite cependant examen, car elle s'appuie sur sa filiation directe avec la Grande Loge de Londres constituée en 1717 et sur une filiation toute aussi directe avec la Grande Loge des

Anciens. Or, nous avons déjà vu ce qu'il faut penser de l'affirmation selon laquelle la Franc-Maçonnerie serait née à Londres en 1717 et que c'est de là et, à partir de cette date, qu'elle se serait répandue dans le reste du monde. Les Franc-Maçonneries d'Écosse et d'Irlande peuvent à bon droit faire valoir des titres à l'antériorité, même si elles n'ont adopté l'organisation en Grande Loge qu'à la suite de la Grande Loge londonienne. Par ailleurs, le caractère indépendant d'une Franc-Maçonnerie jacobite n'est plus guère contesté, ni son rôle dans la diffusion européenne du phénomène. Pourtant, c'est bien la GLUA qui s'est arrogé le nom de «*Mère Loge du Monde*» et le droit, en 1929, de définir les critères de régularité maçonnique. Elle est soutenue dans ses choix par les obédiences anglo-saxonnes, irlandaise et écossaise qui forment un bloc puissant, fruit de la réussite géopolitique de la Grande-Bretagne aux XVIIIe et XIXe siècles. Avant d'envisager ces critères de régularité et leur importance pour ce qui est des relations diplomatiques entre obédiences maçonniques, il faut donner un aperçu de la pratique de la Maçonnerie par la GLUA, qui explique ses choix dans une certaine mesure.

- Évolution de la Grande Loge Unie d'Angleterre

La Grande Maîtrise du duc de Sussex, de 1813 à 1843, date de sa mort, inaugure une liaison beaucoup plus forte avec la famille royale. De son temps, la Grande Loge de Londres avait toujours recherché le patronage de nobles importants ayant l'oreille des souverains; désormais, il n'est pas rare de voir des membres de la famille royale assurer eux-mêmes des fonctions importantes dans les instances dirigeantes de l'obédience: ainsi, de 1874 à 1901, le prince de Galles, futur Édouard VII, fut Grand-Maître, son frère, le duc de Connaught, lui succéda et, en 1969, une autre altesse royale, le duc de Kent, accède à cette haute fonction. Notons, au passage, que la Grande Loge d'Écosse n'est pas en reste, puisque le futur Édouard VII fut aussi reconnu comme son protecteur.

C'est assez souligner à la fois le profond légitimisme monarchique de la Grande Loge et l'intérêt réciproque que lui porte la monarchie: rien de politiquement subversif, donc, dans la GLUA. De ce point de vue, elle va même bien au-delà des dispositions du Titre II des *Constitutions d'Anderson* qui affirment qu'«*un maçon est un sujet paisible envers les pouvoirs civils, où qu'il réside et qu'il travaille, et il ne doit jamais se mêler aux complots ou aux conspirations contre la paix et le bien-être de la nation*» et qu'il ne doit causer «*aucun ombrage ni inspirer aucune suspicion d'ordre politique au gouvernement en place*». Ce mariage entre la Maçonnerie et la monarchie est particulièrement intense sous la reine Victoria puisque celle-ci comble l'Ordre de ses donations et que ce dernier lui rend, par deux fois, en 1887 et 1897, un vibrant et public hommage lors des jubilés de son règne.

Dans le monde profane, cette Maçonnerie se fait d'ailleurs surtout remarquer par ses œuvres de bienfaisance. Une école pour filles avait été créée en 1788, suivie d'une école de garçons en 1798. En 1814, ces deux institutions sont reprises au compte de la nouvelle Grande Loge. Vers 1840, quand la Grande-Bretagne traverse de graves crises sociales et enferme ses pauvres, un asile maçonnique est ouvert, bien plus respectueux de la dignité humaine que les *workhouses* habituelles. Il y a toujours continuité en Grande-Bretagne dans l'engagement philanthropique de la Franc-Maçonnerie. En 1913, un hôpital maçonnique est ouvert, bientôt transformé en hôpital militaire pour les soldats blessés durant la Première Guerre mondiale. Le «*Freemasons Hospital and Nursing Home*» a longtemps été considéré comme l'un des meilleurs établissements de soins du royaume. Enfin, il y a une vingtaine d'années, une souscription maçonnique a permis d'offrir aux autorités un navire de sauvetage en mer, baptisé «*The Duchess of Kent*», du nom de l'épouse du Grand-Maître. Bien d'autres œuvres de bienfaisance, moins spectaculaires, sont animées, conduites ou financées par des Maçons britanniques.

La Grande Loge Unie d'Angleterre compte aujourd'hui 8650 loges pour environ 350000 frères; son incontestable intégration politique et sociale ne va pas cependant sans nuage. Sa liaison organique avec la monarchie, son caractère social conservateur et ses liens privilégiés avec l'Anglicanisme, religion d'État, lui valent quelques solides inimitiés dans les milieux protestants fondamentalistes[33], chez les travaillistes et, plus généralement, dans les milieux de la gauche radicale et républicaine. Quelques scandales, pourtant sans commune mesure avec ceux qui secouent le monde maçonnique français, ont même suscité, en 1997, un rapport parlementaire recommandant que les titulaires de fonctions administratives officielles déclarent obligatoirement leur appartenance maçonnique. On n'est pas allé jusqu'à légiférer, mais le vent du boulet a été suffisamment fort pour obliger la Grande Loge à faire un effort de relations publiques et de mise en lumière pour tenter de désamorcer la crise.

- Dieu et la Grande Loge Unie d'Angleterre

La question religieuse est l'un des points forts des controverses qui mettent aux prises la Grande Loge Unie d'Angleterre avec les Maçonneries de l'Europe latine et, particulièrement, le Grand Orient de France. Il faut alors suivre l'évolution de la doctrine de la Maçonnerie anglaise sur ce sujet.

Au XVIIIe siècle, les principales obédiences anglaises sont explicitement chrétiennes. La Grande Loge de Londres, en 1723, s'appuie sur les *Constitutions d'Anderson* pour définir son rapport à la religion. Le Titre Ier de ces Constitutions mérite d'être cité *in extenso:*

«*Titre Ier: Concernant Dieu et la religion*[34].

Un maçon est obligé, par son engagement, d'obéir à la loi morale; et s'il entend bien l'art, il ne sera jamais un athée stupide ni un libertin irréligieux. Mais quoique dans les temps anciens, les maçons étaient obligés d'être de la religion de chaque pays ou nation où ils étaient, quels qu'ils fussent, cependant on a jugé maintenant qu'il est plus convenable de leur laisser les opinions particulières qui sont les leurs, et de les obliger seulement à être de la religion dont tous les hommes conviennent, et qui consiste à être des hommes bons, équitables, dignes et honnêtes, quelles que soient les dénominations ou croyances par lesquelles ils peuvent se distinguer. De sorte que la maçonnerie devient le centre de l'union, et le moyen d'établir une véritable amitié parmi des personnes qui étaient vouées à demeurer à jamais séparées.»

Une première lecture confirme le latitudinarisme religieux des *Constitutions d'Anderson*. Nous avons vu, cependant, que, pour en comprendre l'esprit, il fallait les replacer dans un contexte historique qui tentait d'établir la paix religieuse entre l'Anglicanisme et les différentes confessions protestantes dissidentes, tout en excluant les catholiques qui sont alors hors la loi. Les «*dénominations ou croyances par lesquelles ils peuvent se distinguer*» ne sont autres que les diverses religions réformées.

La Grande Loge des Anciens, qui se constitue en 1751, accueille, quant à elle, un nombre important de Catholiques d'origine irlandaise, et Laurence Dermott lui donne une coloration d'emblée plus religieuse que la Grande Loge de Londres qui, depuis 1717, a connu une relative inflexion agnostique. Il vaut la peine ici aussi de citer intégralement la version que donne Dermott du même article:

«*Un maçon est obligé de par sa tenure de croire fermement et d'adorer fidèlement le Dieu éternel aussi bien que les enseignements sacrés que les dignitaires et Pères de l'Église ont rédigés et publiés pour l'usage des hommes sages; de telle sorte qu'aucun de ceux qui comprennent bien l'Art puisse possiblement marcher sur le sentier irréligieux du malheureux libertin ou être induit à suivre les arrogants professeurs d'athéisme ou de déisme; ni à être souillé par les erreurs grossières de l'aveugle superstition; mais qu'il puisse avoir la liberté d'embrasser la foi qu'il jugera convenable pourvu qu'en tous instants il témoigne du respect dû à son Créateur et agisse dans le monde avec honneur et honnêteté prenant pour règle permanente de ses actes le précepte d'or qui engage chacun à faire à autrui ce qu'il voudrait qu'on lui fit.*» [35]

À la lecture des deux textes, on sent bien ce qui sépare les deux Grandes Loges dans l'attitude à l'égard de la religion, mais, dans les deux cas, la teneur des rituels en usage ne permet aucun doute: l'atmosphère reste largement chrétienne. Les choses vont imperceptiblement changer après l'union de 1813. Dans un premier temps, on semble plutôt établir un compromis entre la vision des Anciens et celle des Modernes, ainsi qu'en témoigne la nouvelle version du Titre Ier qui est donnée en 1815:

«*Par obligation d'état un maçon est tenu d'obéir à la Loi morale et s'il comprend bien l'Art il ne sera jamais athée stupide ou libertin irréligieux. De tous les hommes il doit le mieux comprendre que Dieu voit autrement que l'homme; car l'homme voit l'apparence extérieure alors que Dieu voit le cœur. Par conséquent un maçon est astreint en particulier à ne jamais agir à l'encontre des commandements de sa conscience. Quelle que soit la religion d'un homme ou sa manière d'adorer il ne sera pas exclu de l'Ordre pourvu qu'il croit au Glorieux Architecte de l'Univers, du Ciel et de la Terre et qu'il pratique les devoirs sacrés de la morale...*» [36]

Dans ce texte, se trouvent gommées les références crypto-catholiques de Dermott, mais, à l'inverse, «*la religion dont tous les hommes conviennent*» d'Anderson se transforme en l'obligation de croire au Grand Architecte de l'Univers.

Par la suite, une certaine déchristianisation des rituels apparaît. Il semble que ce soit à l'initiative du duc de Sussex, premier Grand-Maître de la GLUA qui, bien qu'anglican fervent, souhaitait faciliter l'entrée des juifs en Franc-Maçonnerie, ces derniers pouvant être choqués d'avoir à reconnaître la divinité de Jésus de Nazareth. Mais, et c'est là un point capital, cette déchristianisation, comme le souligne Édouard Maisonneuve, «*s'entend au sens restrictif de suppression de toutes les références spécifiquement chrétiennes et non pas de toute référence religieuse*» [37]. Il s'agit davantage d'un recentrage du Titre Ier des *Constitutions d'Anderson* sur le tronc commun des religions juive et chrétiennes, recentrage qui, dans l'Empire, pouvait s'étendre aux musulmans qui reconnaissent aussi la Bible comme livre saint: la référence au Grand Architecte de l'Univers permet alors une formulation neutre sur laquelle chacun peut projeter sa propre référence religieuse. Avec plus d'acrobaties symboliques, le principe est étendu aussi aux hindous dont la vision du monde religieuse diffère pourtant fondamentalement des monothéismes abrahamiques.

La GLUA va être contrainte de préciser son attitude en matière religieuse devant l'évolution d'une partie de la Maçonnerie continentale. En 1870, lorsque le Grand Orient de Belgique supprime la référence déiste au Grand Architecte de l'Univers, la GLUA ne réagit pas, mais quand, en 1877, le GODF emboîte le pas, la réaction est sévère et aboutit à la rupture des relations entre les deux Maçonneries. Autant il était possible d'ignorer la petite Maçonnerie belge, autant les options de la Maçonnerie française pouvaient se révéler préjudiciables dans un contexte de concurrence non avoué, mais bien réel.

- La régularité maçonnique selon la Grande Loge Unie d'Angleterre

C'est à partir de la controverse sur le Grand Architecte de l'Univers qu'est, semble-t-il, née la nécessité pour la GLUA de définir ses options de régularité, sachant qu'elle se considère comme la «*Mother Lodge*» de la Franc-Maçonnerie mondiale depuis ses origines. La question du GADLU ne fut pas la seule à pousser en ce sens: la politisation des Maçonneries latines et la question de l'initiation féminine jouèrent aussi leur rôle.

C'est en 1929 que la GLUA pose les *landmarks*[38] solennels de la régularité maçonnique, c'est-à-dire les principes que toute obédience dans le monde doit respecter pour être reconnue par elle. Ils sont au nombre de 8:

1- *La régularité d'origine*: une Grande Loge doit avoir été constituée par une Grande Loge régulière ou par trois loges régulièrement fondées.

2- *La croyance au Grand Architecte de l'Univers et en sa Volonté révélée* est la condition fondamentale pour l'admission d'un néophyte.

3- *Les nouveaux initiés doivent prêter serment sur le Volume de la Loi sacrée ouvert* et par lequel s'exprime la Volonté révélée prévue à l'article 2. Ce Volume peut varier en fonction de la religion de l'impétrant: Bible, évangile de Jean, Coran.

Par extension, les livres hindouistes (les *Védas* par exemple) et bouddhistes sont admis, même s'il est difficile, dans le cas de l'hindouisme, qui est un polythéisme, ou dans celui du bouddhisme, qui ne considère pas Bouddha comme un dieu, d'assimiler strictement le GADLU à un dieu unique.

4- *La Grande Loge et toutes ses loges doivent être exclusivement composées d'hommes* et n'entretenir aucune relation avec des loges mixtes ou exclusivement féminines.

5- *Une Grande Loge régulière possède une autorité souveraine sur ses loges.* D'une part, ses loges ne sont pas libres parce qu'elles dépendent d'elle. Elles dépendent uniquement d'elle pour les trois grades symboliques de la Maçonnerie Bleue, ce qui exclut toute autorité d'un organisme de Hauts Grades. Par ailleurs, ce principe, s'il ne le dit pas ouvertement, laisse la porte ouverte à une application qui vise à ne reconnaître qu'une seule Grande Loge régulière par nation ou État.

6- *Les Trois Grandes Lumières de la Maçonnerie*, à savoir : le Volume de la Loi sacrée, l'Équerre et le Compas, doivent être en permanence exposés durant les travaux. C'est le seul point d'obligation symbolique contenu dans ces Landmarks.

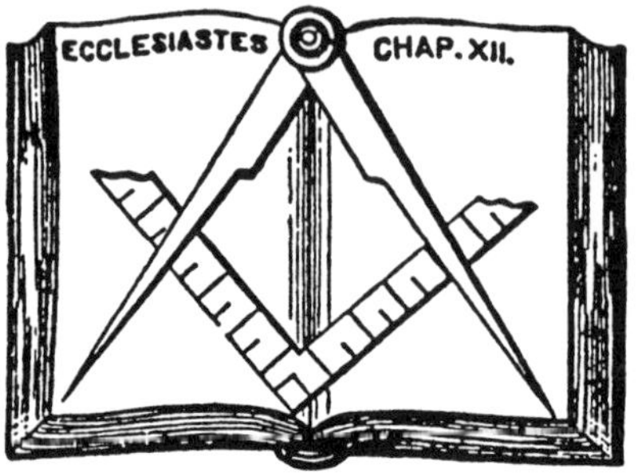

Les Trois Grandes Lumières de la franc-maçonnerie : l'Équerre, le Compas et le Volume de la Loi Sacrée.

7- *Toute discussion religieuse ou politique est rigoureusement proscrite dans les loges.*

8- *Les us et coutumes traditionnels de la Maçonnerie, en particulier les anciens Landmarks, doivent être scrupuleusement respectés.*

Depuis 1929, la GLUA reste ferme sur ces positions. Elle a été rejointe par l'ensemble des Grandes Loges anglo-saxonnes et les Grandes Loges d'Écosse et d'Irlande, ce qui a assuré à ces Landmarks un poids suffisant pour attirer bon nombre d'autres Grandes Loges en Europe et dans le monde. On considère que 7 millions de Maçons sont reconnus par la GLUA, alors que 800 000 environ sont en dehors de cette reconnaissance. En principe, les Maçons qui appartiennent à des obédiences non reconnues conformes aux Landmarks de 1929 ont interdiction de visiter les loges « *régulières* », mais peuvent être reconnus individuellement comme Maçons, avec la possibilité de se faire « *régulariser* », c'est-à-dire, d'être admis dans la Maçonnerie régulière à condition de prêter un nouveau serment. Les femmes, en revanche, ne sont pas reconnues comme Francs-Maçons et les hommes initiés dans des loges mixtes, s'ils sont désireux de se régulariser, doivent repasser les épreuves de l'initiation.

La GLUA, cependant, a dû préciser son approche du Grand Architecte de l'Univers, d'abord à la suite de polémiques antimaçonniques provenant surtout des Églises protestantes[39] et accusant la Maçonnerie d'être une crypto-religion pagano-ésotérico-gnostique. Déjà, en 1962, la GLUA avait tenu à déclarer que « *la Franc-Maçonnerie n'est pas une religion ni un substitut de religion. Elle requiert de ses membres la foi en un Être Suprême, mais ne propose aucun système de foi qui lui soit propre...* » La polémique enflant, en septembre 1985, la GLUA rend publique une déclaration qui lui permet, *de facto*, de préciser ses Landmarks de 1929 sur le GADLU (l'expression n'est plus employée, on y substitue celle « d'Être Suprême »), sur le Volume de la Loi sacrée, le serment maçonnique et les rapports de la Maçonnerie « régulière » avec les religions. Il vaut la peine de citer le texte :

« *L'ÊTRE SUPRÊME*

Le nom employé pour l'Être Suprême permet aux hommes de différentes croyances de se rejoindre dans la prière (à Dieu tel que chacun le conçoit) sans que les termes de la prière provoquent entre eux quelques dissensions.

Il n'y a pas un Dieu maçonnique, un Franc-Maçon reste attaché au Dieu de la Religion qu'il professe.

Les Francs-Maçons s'assemblent dans un commun respect de l'Être suprême mais Celui-ci demeure suprême selon la religion de chacun, il n'y a dans la Franc-Maçonnerie aucune tentative pour réunir les religions entre elles (pas de syncrétisme en maçonnerie). Il n'y a donc pas un Dieu maçonnique composite.

LE VOLUME DE LA SAINTE LOI

Le Volume ouvert de la Sainte Loi est un élément essentiel de toute réunion maçonnique. Le Volume de la Sainte Loi, pour un chrétien, c'est la Bible. Pour les Francs-Maçons d'autres religions, c'est le livre considéré par eux comme sacré (le Coran pour le musulman, etc.).

LES SERMENTS EN MAÇONNERIE

Les engagements pris par les Francs-Maçons sont contractés sur ou avec les Volumes de la Sainte Loi. Ils imposent de garder secrets les signes de reconnaissance entre Francs-Maçons et de respecter les règles de la Franc-Maçonnerie. Les châtiments physiques sont purement symboliques. L'engagement de respecter les règles de Franc-Maçonnerie est sage et entièrement approprié à cette forme d'obligation.

LA FRANC-MAÇONNERIE EN COMPARAISON DE LA RELIGION

La Franc-Maçonnerie est dépourvue des éléments fondamentaux de toute religion.

a) Elle n'a ni dogmes ni théologie (par l'interdiction de toute discussion religieuse, elle ne permet pas que se développe une dogmatique maçonnique).

b) Elle n'offre pas de sacrements.

c) Elle n'a pas la prétention de conduire au salut par des travaux, des enseignements secrets (gnose), ou autres moyens (les secrets de la Franc-Maçonnerie concernent les signes de reconnaissance entre Maçons, non le salut de l'âme).

LA FRANC-MAÇONNERIE SOUTIENT LA RELIGION

La Franc-Maçonnerie est loin d'être indifférente à la religion. Sans interférer dans leur pratique religieuse, elle attend de chacun des ses membres qu'il soit fidèle à sa propre foi et qu'il mette son devoir envers Dieu (sous quelque nom qu'il soit connu) au-dessus de tous autres devoirs. Sa pédagogie morale peut être acceptée par toutes les religions. Ainsi la Franc-Maçonnerie peut-elle être considérée comme un soutien de la religion. » [40]

Cette déclaration contient plusieurs éléments qui rendent compte à la fois de positions très généralement partagées par les Francs-Maçons de toutes origines et obédiences, et de positions très spécifiques à la GLUA. Ainsi, les articles sur «*l'Être Suprême*» et «*le Volume de la Loi Sacrée*», dans leur formulation très étendue, peuvent être largement reçus. Encore, avons-nous déjà souligné que la notion d'un Dieu personnel, de type abrahamique, entre très mal dans de nombreuses catégories religieuses que la GLUA veut aussi toucher. Les autres articles, derrière une formulation de type universel, sont beaucoup plus spécifiquement britanniques. En réduisant les secrets maçonniques aux signes de reconnaissance, en refusant tout «*enseignement secret*», c'est-à-dire, tout ésotérisme, la Maçonnerie anglaise s'affirme comme un «*Ordre de société*» à but simplement moral et non comme un «*Ordre initiatique*». Ce refus est la condition nécessaire pour ne pas être soupçonnée de concurrence religieuse et pouvoir être reçue comme le soutien de la religion. Cependant, à vouloir contenter tout le monde, on finit par se rendre suspect à tous. Si l'on excepte les religions polythéistes (par essence pluralistes) et le Bouddhisme (qui est une religion sans dieu), le caractère fondamentalement œcuménique de la déclaration de septembre 1985 ne pouvait que laisser dubitatif les grandes religions monothéistes et leurs variantes dont les vérités respectives ne peuvent s'additionner. Ce qui explique qu'en 1987, même l'Église d'Angleterre a mis en garde contre la double appartenance. Certes, elle n'interdit pas aux Anglicans de se faire recevoir Maçons, sans doute en reconnaissance des origines, quand la Maçonnerie anglaise avait choisi l'Anglicanisme contre le Catholicisme romain, mais elle leur recommande la plus extrême vigilance.

Pour en revenir aux Landmarks de 1929, il ne faut pas négliger leur objectif de *géopolitique maçonnique* ni oublier qu'ils visaient au premier chef la Maçonnerie latine, particulièrement la Maçonnerie française dont l'évolution la rendait inapte à souscrire aux articles 2, 3, 7 et, dans bien des cas, à l'article 4.

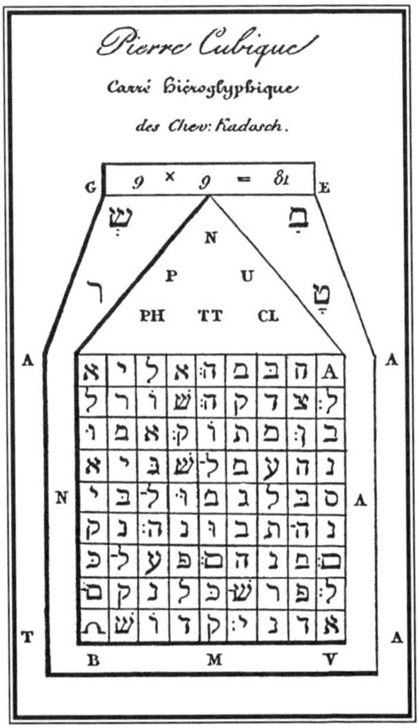

Carré hiéroglyphique des Chevaliers Kadosch. Tuileur de Vuillaume, 1830.

Chapitre II
La grande rupture : l'engagement républicain et anticlérical de la Franc-Maçonnerie française

Dans ce chapitre, nous n'aurons en vue que l'histoire des péripéties historiques et sociales de la Franc-Maçonnerie française, ainsi que ses rapports avec les options «*régulières*» posées par la Grande Loge Unie d'Angleterre. Sans entrer dans le détail, nous nous attacherons à souligner les lignes directrices de l'évolution, ne faisant appel aux événements que pour autant qu'ils les éclairent.

• De la Maçonnerie libérale à la Maçonnerie républicaine

- La Restauration

Nous avons dit la mutation sociale et politique accomplie par la Maçonnerie française sous le premier Empire : alors que de nombreux Catholiques et royalistes tournaient le dos à l'Ordre, horrifiés par le rôle qu'ils lui supposaient dans les événements révolutionnaires, les loges voyaient affluer des impétrants se recrutant parmi ceux qui n'avaient qu'à se féliciter du nouveau régime. Or, les guerres incessantes de Napoléon, l'évolution policière du régime impérial ont fini par nuire aux affaires et gêner aux entournures une société qui acceptait sans mal les restrictions aux libertés quand elles visaient les éléments populaires jugés dangereux, mais les trouvait intolérables quand elles la prenaient pour cible. Ainsi, lorsque l'Empereur fut vaincu en 1814, la plupart des Maçons français se rallièrent bien volontiers aux Bourbons restaurés.

La Restauration affecta la Maçonnerie de plusieurs manières : André Combes estime qu'il demeure alors environ 300 loges en activité pour un effectif estimé à 12000 frères. Une grande partie de ceux qui fréquentaient les loges sous l'Empire par opportunisme politique désertent les colonnes, jugeant que la Maçonnerie n'est plus en odeur de sainteté sous le nouveau régime. Les plus compromis, parmi les Maçons bonapartistes ou parmi les Maçons républicains soupçonnés d'attaches terroristes ou régicides, partent en exil et vont parfois continuer de maçonner à l'étranger. Les autres jouent profil bas en attendant des jours meilleurs. Le Rite *égyptien* de Misraïm, sur lequel nous reviendrons, semble abriter plus que d'autres les demi-soldes de l'Empire ou de la République. Les plus courageux, ou les plus inconscients, c'est selon, succombent aux sirènes de la Charbonnerie qui perpétue l'idéal romantique du complot républicain victorieux. Comme la Maçonnerie demeure sous la Restauration une «*société secrète tolérée*», elle offre un asile propice à tous les opposants, voire aux conspirateurs avérés que sont les *Bons Cousins*. En effet, même si les loges sont beaucoup plus transparentes aux investigations policières qu'on ne le croit souvent, un opposant républicain ou bonapartiste se trouve relativement protégé par le serment maçonnique. Certaines loges, comme celle des *Amis de la Vérité* créée vers 1818, servent pratiquement de couverture aux complots carbonaristes. L'échec des insurrections carbonaristes de 1822 aurait pu coûter cher à la Maçonnerie si la police avait su remonter jusqu'aux loges. Cependant, à l'inverse de leurs frères italiens, les Francs-Maçons français sont beaucoup moins tentés par l'aventure révolutionnaire. La pénétration carbonariste reste marginale, de même que la sensibilité républicaine.

La majorité des Francs-Maçons toujours en activité se rallie de bonne grâce au retour de la monarchie. Le nouveau pouvoir ne leur est, en effet, pas nécessairement hostile et le roi a l'intelligence politique de maintenir les acquis économiques et juridiques de la Révolution et de l'Empire, tout en acceptant une monarchie constitutionnelle qui paraît plus douce que l'autoritarisme napoléonien. Louis XVIII s'est-il fait recevoir Maçon dans son jeune temps? Les Maçons de la Restauration le pensaient, les historiens contemporains sont partagés. L'appartenance à l'Ordre du futur Charles X est en tout cas admise. S'il reste un doute sur l'appartenance maçonnique du roi, il n'y en a aucun sur celle de son principal ministre et ministre de l'Intérieur de 1818 à 1820, Elie Decazes. Ce magistrat impérial devient Maçon en 1806. Durant les Cent Jours, il opte pour les Bourbons, ce qui lui vaut la Préfecture de Police en 1816, avant l'entrée au gouvernement et le titre de duc. Il se fait auprès de Louis XVIII l'avocat d'une politique qui, poursuivie plus longtemps, eut sans doute enraciné durablement la monarchie. Decazes est Maçon, mais pas nécessairement favorable au Grand Orient de France. Il est, en effet, membre de l'obédience écossaise rivale, le *Suprême Conseil du Rite Écossais Ancien et Accepté* qui, plus que le Grand Orient, rassemble l'élite sociale et politique, avec le comte de Valence pour « *Très Puissant Souverain Grand Commandeur* » à partir de 1821, assisté du comte de Ségur, pair de France.

D'une manière générale, à l'Intérieur, Decazes s'oppose aux ultras royalistes qui demandent des mesures contre la Franc-Maçonnerie: ainsi, en 1818, il fait envoyer une circulaire aux préfets indiquant que le roi ne considère pas la Maçonnerie comme une société secrète et qu'il n'y a donc pas lieu de sévir. Mais c'est sans doute lui qui va déconseiller à Louis XVIII d'autoriser le duc de Berry, héritier du trône et certainement Franc-Maçon, à accepter la Grande Maîtrise du Grand Orient.

Le Grand Orient se trouve dans une situation institutionnelle délicate: son Grand-Maître, Joseph Bonaparte, est, on peut s'en douter, *persona non grata* dans la nouvelle France des Bourbons. Or, c'est le Grand-Maître légitime et... à vie. La vacance de la grande maîtrise a été décrétée le 1er juillet 1814 et une commission de trois membres assure l'intérim, composée de Macdonald, maréchal de France, duc de Tarente et pair de France, Timburne, comte de Valence et pair de France, et le comte de Beurnonville, pair et maréchal de France qui sera Grand-Maître adjoint de 1815 à sa mort: l'ensemble forme un compromis, somme toute, assez représentatif, entre l'ancienne noblesse et les participants à l'épopée impériale, gavés d'honneurs et de prébendes par Napoléon mais désireux, désormais, d'en jouir en paix sous l'égide de Louis XVIII. Ayant à se faire pardonner son suivisme bonapartiste, le GODF fait passer à Louis XVIII la demande de le doter d'un nouveau Grand-Maître, pris dans la famille des Bourbons, qui ne saurait être que le duc de Berry, que tous les Maçons de l'époque considèrent comme frère, même si les historiens contemporains sont plus circonspects. Elie Decazes, membre de l'obédience rivale du Grand Orient de France, semble avoir bien perçu qu'un tel honneur conférerait à ce dernier un avantage décisif dans la lutte d'influence qu'il livre au Suprême Conseil. Il semble qu'il ait eu une influence décisive pour faire échouer une demande, pour laquelle d'ailleurs Louis XVIII n'était pas chaud, craignant un nouveau conflit avec les ultras. De toute façon, l'assassinat du duc de Berry le 13 février 1820 rend le projet obsolète.

Cet assassinat, en entraînant la chute de Decazes et en assurant l'influence du comte d'Artois, qui, pour avoir été Maçon, n'en est pas moins devenu le chef des ultras, va causer quelques inquiétudes aux Francs-Maçons. Dans le contexte de la Restauration, un «parti» ultraroyaliste s'est, en effet, constitué, composé d'émigrés de retour d'exil, de royalistes de l'intérieur ayant souffert sous la Révolution et l'Empire, de Catholiques que les persécutions religieuses révolutionnaires et l'emprisonnement du pape par Napoléon ont rendu ultramontains. Tous ces gens ont des comptes à régler. Une frange activiste, qui s'était illustrée durant la Terreur blanche de 1814-1815, est particulièrement sensible aux dénonciations de l'abbé Barruel. Beaucoup, parmi ces groupes, ont pour la Franc-Maçonnerie une curieuse relation de fascination-répulsion. Fascination pour son organisation et la puissance qu'ils lui prêtent, répulsion pour ses buts supposés diaboliques. Certains vont même s'en inspirer avec un certain succès. Le plus efficace parmi ces groupes, sinon le plus connu, est sans conteste l'*Ordre des Chevaliers de la Foi* fondé en 1809 par Ferdinand et Bénigne de Bertier de Sauvigny. Les deux frères sont les fils de l'Intendant de Paris massacré par les émeutiers du 14 juillet 1789. Ils ont gardé de cet épisode tragique et des suivants la haine de la révolution et une foi royaliste et catholique à toute épreuve. Ayant lu Barruel, ils sont persuadés de la responsabilité de la Franc-Maçonnerie. En 1806, décidés à voir de l'intérieur comment fonctionne la société «diabolique», ils se font initier à la loge *La Parfaite Estime*. En 1807, leur curiosité satisfaite, ils cessent toute fréquentation maçonnique. Ferdinand de Bertier met cependant cette expérience à profit pour concevoir les structures de la société secrète qu'il entend créer au service du roi et de la religion. C'est ainsi qu'il fonde les *Chevaliers de la Foi* avec son frère et quelques jeunes nobles au nez et à la barbe de la puissante police de Fouché. Cette société à degrés, calquée sur les anciens ordres de chevalerie, agit sous la couverture d'une société pieuse pratiquant la charité. Son organisation interne fonctionne sous la garantie d'un serment où le secret, l'obéissance aux supérieurs, la foi en Dieu et la fidélité au roi sont exigés[41]. Le respect scrupuleux du secret par les associés, un recrutement exigeant et la probité indéniable de Ferdinand de Bertier ont assuré la sécurité et la clandestinité de l'Ordre. Jamais les contemporains, même sous la Restauration, n'ont soupçonné l'ampleur de l'organisation. Il a fallu attendre le XXe siècle et la fin définitive des illusions légitimistes pour que les archives familiales s'ouvrent. De fait, les *Chevaliers de la Foi* animent de l'intérieur d'autres groupes ultras plus visibles, y compris des groupes paramilitaires durant la Terreur blanche. Leur influence est forte sous la Restauration, surtout après l'échec de la politique de réconciliation menée par Decazes et la venue sur le trône de Charle X. Hostiles à la Franc-Maçonnerie, leur action est plus large puisqu'elle vise tous les courants libéraux, mais, comme ils sont derrière ce qu'on appelle le «*parti prêtre*», qui n'est pas avare de libelles antimaçonniques, on peut penser qu'ils ont contribué à repousser dans le camp libéral et l'opposition aux Bourbons ceux des Francs-Maçons qui voulaient sincèrement jouer le jeu de la Restauration.

- La monarchie de Juillet

Comme la Restauration, la monarchie de Juillet fait bénéficier la Franc-Maçonnerie d'une tolérance de fait. Au début surtout, car il n'est pas difficile de montrer la présence de Maçons libéraux parmi les promoteurs de l'insurrection des Trois Glorieuses. Derrière le vieux La Fayette, devenu le symbole vivant des idées de la Révolution française et qui fut de toutes les conspirations contre les Bourbons, joignant l'engagement dans la Charbonnerie à la Franc-Maçonnerie, un certain nombre de Maçons libéraux, les uns républicains, les autres encore monarchistes, se laissent apercevoir: Godefroy Cavaignac, fils d'un ex-Conventionnel et préfet de l'Empire, ou Cadet de Gassicourt, fils de l'écrivain maçon ayant accrédité la thèse d'un complot templier au sein de la Maçonnerie contre les Capétiens pour venger Jacques de Molay. Les membres de quelques rares loges républicaines parisiennes, comme *Les Amis de la Vérité,* composée de journalistes et d'étudiants, jouent un rôle actif dans les comités révolutionnaires et sur les barricades. Beaucoup parmi les animateurs de la Révolution de 1830 pensaient à la république, La Fayette le premier, mais le coup de force n'était que parisien: l'esprit républicain est minoritaire en France, on craint la guerre civile et l'intervention étrangère. Finalement, La Fayette se résout à faire acclamer le duc d'Orléans, comme roi des Français sous le nom de Louis-Philippe 1er.

Les Trois Glorieuses ont-elles cependant été une révolution maçonnique? Certains Maçons de l'époque, toujours portés à exagérer leur influence, le croient. Mais Timoléon-François Bègue-Clavel, auteur d'une *Histoire pittoresque de la Franc-Maçonnerie* en 1844, lui-même engagé dans bien des complots sous les Bourbons, dément: intervenant dans une controverse publique à propos d'une circulaire du maréchal Soult, interdisant aux militaires de devenir Francs-Maçons, il souligne que « *la masse de ses membres [la Franc-Maçonnerie] ou n'a pas d'opinion politique, ou professe les opinions politiques les plus diverses; il est toutefois sans exemple qu'elle n'ait pas fait acte d'adhésion aux gouvernements nouveaux. C'est ainsi qu'elle a tour à tour encensé l'Empire, exalté la Restauration, et acclamé la dynastie de Juillet...* » Tout juste concède-t-il qu'«... *il est vrai que depuis, un grand nombre de frères ont pris part à la lutte de Juillet; mais ils agissaient comme citoyens et non comme Maçons...* »[42] Certes, l'argument qui consiste à séparer l'action que l'on a comme Maçon de celle que l'on a comme citoyen est spécieux, mais Clavel n'a pas tort de souligner l'extrême diversité idéologique des Maçons français, même si cette diversité se réduit de plus en plus vers la gauche. En réalité, la Franc-Maçonnerie est prise dans la dialectique engagée entre l'idéologie contre-révolutionnaire qui est devenue antimaçonnique sur des bases erronées et l'idéologie libérale-démocratique qui, pour des raisons inverses et tout aussi fausses, valorise la Maçonnerie. Or, si les Catholiques et royalistes légitimistes quittent la Maçonnerie ou la diabolisent, les libéraux, les démocrates, les républicains et les bonapartistes y arrivent nombreux. Ainsi, la légende d'une Franc-Maçonnerie révolutionnaire devient petit à petit réalité.

Avec Louis-Philippe, reviennent bien des souvenirs aux Francs-Maçons. Le nouveau roi n'est-il pas le fils du premier Grand-Maître du Grand Orient de France? L'héritage de Philippe Égalité est cependant trouble: le Grand-Maître du Grand Orient n'avait-il pas renié la Franc-Maçonnerie dans un effort désespéré pour sauver sa vie? Le roi Louis-Philippe n'aime pas les souvenirs qui dérangent, et s'il a pu être Maçon (bien qu'aucune preuve décisive ne l'atteste), s'il accepte un entourage maçonnique, il ne répond pas à l'appel que les deux obédiences françaises lui lancent au lendemain des Trois Glorieuses pour qu'il devienne leur Grand-Maître. À défaut du roi, on se serait contenté du duc d'Orléans, fils aîné et héritier, mais, l'histoire bégayant, Louis-Philippe a la même attitude que Louis XVIII en son temps et ne donne pas son consentement.

Enfin, si le régime du roi-citoyen s'affirme bien libéral, c'est plus au sens économique que politique qu'il faut l'entendre et la dérive politique des obédiences maçonnique s'accentue, surtout pour ce qui concerne le GODF, car le Suprême Conseil, qui se recrute toujours dans la meilleure société, est objectivement favorable au pouvoir en place. Entendons bien, la dérive politique n'affecte pas les instances dirigeantes du GODF : l'ancien aide de camp de Louis-Philippe, le comte Alexandre de Laborde, est nommé Grand-Maître adjoint[43] en 1835 et le reste jusqu'à sa mort en 1842. C'est un homme en qui le roi a confiance, qui sait faire la police dans son obédience et désavouer les frères et les loges qui ne sont pas conformes aux vues du gouvernement. Cette attitude est illustrée par l'affaire de la *Revue Maçonnique* et de son directeur, le frère Michel Auguste Peigné[44]. Cette revue est animée par un petit groupe de Maçons républicains qui mènent un combat en termes modérés mais fermes pour la démocratisation des structures du GODF et pour un engagement de la Maçonnerie dans des débats que nous appellerions, aujourd'hui, «*de société*». Ainsi en va-t-il, à l'époque, de l'esclavage, de la peine de mort, de la répartition de l'impôt, des réformes sociales en faveur des pauvres. Par ailleurs, le ton est aussi anticlérical ; au nom de la «*science sociale*», il conteste la religion dans un style déjà positiviste. Les frères qui animent cette revue sont encore minoritaires dans le paysage maçonnique, mais ils inquiètent les autorités et, en 1834, le préfet de police Gisquet dénonce Peigné au GODF comme républicain. Une procédure s'engage devant l'instance dirigeante de l'obédience le 11 février 1835 et, au terme de débats houleux, le 7 mai, Peigné est déchu de ses droits maçonniques. Le GODF a préféré sacrifier l'un des siens plutôt que de s'exposer à des amalgames et des sanctions politiques. Est-ce en raison de cet alignement sur le pouvoir que le GODF voit une baisse sensible de ses effectifs durant les années 1830-1840 ? Les loges dans sa mouvance passent de 327 en 1830 à 264 en 1840, avec une descente à 238 en 1836[45]. Les loges radicales sont «*démolies*», selon le vocabulaire maçonnique consacré, ou se dissolvent d'elles-mêmes.

En 1842, le comte Emmanuel de Las Cases, fils du mémorialiste de Sainte-Hélène, succède au comte de Laborde. Les difficultés causées par la politisation de certaines loges et les réactions gouvernementales sont moins apparentes. Fruit de cette relative accalmie, le nombre des loges du Grand Orient remonte jusqu'à 295 en 1847. Entre-temps, le Grand-Maître «empêché», Joseph Bonaparte, a fini par décéder en 1844 : la place est donc libre ; l'offrir au comte de Las Cases, ce serait la donner à un bonapartiste fervent, ce qui ne sourit guère au gouvernement qui a déjà dû faire face à deux tentatives de coup d'État de Louis-Napoléon Bonaparte. On va même pousser le Grand-Maître adjoint à se contenter de l'honorariat. D'un autre côté, Louis-Philippe refusant toujours d'autoriser un membre de sa famille à recevoir la dignité, on est obligé de nommer un second Grand-Maître adjoint. Il s'agit, cette fois, et pour la première fois à ce niveau de responsabilité, d'un vrai roturier, Laurent Bertrand, président du tribunal de commerce de Sens. On peut considérer cette nomination comme symptôme d'une lente, mais continue, évolution de la base sociale du Grand Orient : de plus en plus de fonctionnaires de rang supérieur ou moyen, d'artisans, de commerçants, voire d'ouvriers à Paris.

Sans déserter tout à fait l'obédience, les hautes classes la boudent. La *sanior pars* lui préfère le Suprême Conseil du REAA, dont les loges sont moins nombreuses, 23 en 1832, 50 en 1847, mais en constante progression avec un recrutement sélect. Il suffit d'énumérer la liste de ses «*Souverains Grands Commandeurs*» durant cette période pour s'en convaincre: le comte, puis duc et pair, Elie Decazes de 1818 à 1821; le général comte de Valence, décédé en 1822; le comte Louis-Philippe de Ségur jusqu'en 1825; Claude, duc de Choiseul-Stainville, pair de France jusqu'en 1838, date à laquelle le duc Decazes reprend du service jusqu'à sa mort en 1860.

- La seconde République

La Révolution de 1848 et la seconde République ont bonne presse dans les milieux de gauche, surtout la période de février à juin, jusqu'au moment où la répression militaire du général-frère Cavaignac sonne le glas de la Révolution sociale. En effet, pendant trois mois, l'utopie sociale et l'angélisme politique semblent s'être donné la main pour fonder un monde et un homme nouveau sous l'égide de l'égalité et de la fraternité universelle, laissant au cœur de la gauche humaniste, utopique et antiautoritaire, une trace nostalgique indélébile que certains essaieront de retrouver dans l'esprit de mai 1968. Les Maçons de gauche ne sont pas en reste, si, contrairement à leurs aînés de la première moitié du XXe siècle, ils prennent quelques distances à l'égard de la Révolution française et notamment la République jacobine dans laquelle les analystes commencent à voir le prototype des États totalitaires modernes, la sympathie dont bénéficie la seconde République fait qu'ils n'hésitent pas à la revendiquer pour leur, la désignant même comme la «*République Maçonnique*»[46] par excellence.

Plusieurs indices sont mobilisés pour la démonstration. D'abord, le poids relatif des Maçons parmi les 11 membres du gouvernement provisoire: 3 Maçons en activité: Adolphe Crémieux, Louis Garnier-Pagès et Ferdinand Flocon; 2 Maçons en «*sommeil*»: Jacques Dupont de l'Eure, vétéran de la période révolutionnaire et président du gouvernement provisoire, Armand Marrast; auxquels certains ajoutent le futur Maçon Louis Blanc.

Des études montrent aussi le poids des Maçons dans la nouvelle administration et les municipalités de province qui reçoivent avec enthousiasme le nouveau régime. Mais c'est loin d'être une règle: le corps de ville de Poitiers, qui ne compte pas de Maçon, accueille le nouveau régime avec faveur car il s'accompagne du suffrage universel et de promesses de changements dont chacun pense qu'il lui sera favorable, sans bien les identifier. Certes, les instances maçonniques se rallient avec emphase à la république, le Grand Orient surtout, le Suprême Conseil étant plus réservé (d'autant que sa fraction démocrate fait scission pour fonder une Grande Loge Nationale), de même les loges en province. Il ne faut toutefois pas oublier que depuis le premier Empire, le suivisme politique et l'encensement des nouveaux pouvoirs est devenu une habitude maçonnique. Quelques mois plus tard, les mêmes dirigeants iront manifester leur soutien à Louis-Napoléon Bonaparte après son écrasant succès électoral.

Il n'empêche, cette expérience républicaine va avoir deux conséquences pour la Franc-Maçonnerie française. D'abord, les Francs-Maçons républicains, qui jusque-là n'étaient pas soutenus par les instances dirigeantes de leurs obédiences, prennent désormais le pas et mènent au grand jour des actions en phase avec le régime: plus de distinction jésuitique entre l'activité du Maçon et celle du citoyen, on revendique ouvertement l'action du Maçon-Citoyen. Le titre de gloire revendiqué par les Maçons de gauche est bien l'abolition de l'esclavage, le 27 avril 1848, dans les colonies françaises: le nom du Maçon Victor Schœlcher est indéfectiblement associé à cette abolition qui vient cependant quinze ans après celle réalisée par la très conservatrice Grande-Bretagne pour des raisons économiques, preuve s'il en est que le mouvement abolitionniste est d'assise idéologique beaucoup plus large qu'on ne le croit. De nombreux Maçons vont s'engager dans des cercles de réflexion sur la lutte contre le paupérisme, l'amélioration de la condition ouvrière et, surtout, sur la réalisation d'un enseignement primaire obligatoire et gratuit chargé de promouvoir la notion d'une morale fraternelle universelle. Soyons justes, ils ne sont pas les seuls à se préoccuper du sort des pauvres et des ouvriers: à la même époque, devant les excès de l'industrialisation, des cercles monarchistes et catholiques y réfléchissent aussi et Louis-Napoléon Bonaparte a un souci social avéré.

En second lieu, cette synergie réelle, mais peut-être surévaluée pour des raisons idéologiques, entre une fraction de la Franc-Maçonnerie et la seconde République, a eu pour effet de mettre en place une mythologie politique qui modifie la Franc-Maçonnerie française par effet de rétroaction. Cette mythologie politique s'exprime alors symboliquement par la reprise au compte de la Franc-Maçonnerie de la devise républicaine «*Liberté, Égalité, Fraternité*», dont les Maçons s'approprient alors la paternité. C'est à partir de cette expérience de la seconde République, beaucoup plus qu'à partir de la première, que se fonde l'identité républicaine et de gauche que revendique toujours une large fraction de la Maçonnerie contemporaine. Cette identité, née d'une expérience spécifiquement française, entraîne désormais la nécessité d'un engagement politique qui va éloigner la Maçonnerie française de la pratique anglo-saxonne et la mettre en porte-à-faux par rapport au principe d'apolitisme. En plongeant la Maçonnerie française dans l'arène politique sur des positions partisanes, elle va l'exposer aussi à prendre des coups politiques de la part des adversaires qu'elle se donne. Un certain antimaçonnisme politique n'est alors que la conséquence logique de ses propres choix.

- Du second Empire à la troisième République

Le second Empire, dans ses relations avec la Franc-Maçonnerie, tente de renouer avec la pratique du premier, mais les circonstances sont différentes et, c'est une banalité de le rappeler, le Neveu n'a pas le même charisme que l'Oncle.

La Grande Maîtrise du GODF est confiée à un proche du nouvel empereur, le prince Napoléon Lucien Murat, qui tente une reprise en main disciplinaire. Mais les temps ont changé et il doit faire face à une vigoureuse opposition interne républicaine, quoique encore minoritaire. Cependant, c'est sous son règne que le Grand Orient fait l'acquisition du local qui l'abrite toujours, rue Cadet à Paris. Enfin, réforme qui a son importance, le Grand-Maître n'est plus élu à vie, mais pour sept ans, par un convent, décision prise lors d'un premier Convent solennel en 1854.

Les choses vont progressivement basculer, à partir de 1860, du fait des questions religieuses et politiques.

Depuis la Restauration, les relations entre l'Église catholique et la Maçonnerie n'ont cessé de se dégrader. Les conflits publics éclatent souvent au moment des obsèques d'une personnalité qui, pour être maçonne, pouvait par ailleurs être catholique et souhaiter des obsèques religieuses. Or, l'excommunication de la Franc-Maçonnerie vaut excommunication de ses membres et, parmi les sanctions associées, figure le refus du service funèbre religieux. Il n'y a pas toujours conflit: tout dépend de la personnalité du célébrant sollicité et de la notoriété de l'appartenance maçonnique du défunt. À l'inverse, il arrive, même lorsque le curé est bien disposé, que les frères en rajoutent en souhaitant faire la conduite du cercueil avec décors et bannières maçonniques. Là, même les plus tolérants des desservants reculent parfois. L'anticléricalisme alors monte, plus que l'athéisme d'ailleurs : les Maçons de la première moitié du XIXe siècle sont, comme leurs contemporains, sensibles à une religiosité romantique et Dieu tient une grande place dans leurs préoccupations spirituelles, mais c'est de moins en moins celui de la théologie catholique. Il faut bien admettre que celle-ci confond souvent les intérêts temporels du Souverain Pontife avec la dimension spirituelle de l'Église. Il ne faut pas s'étonner alors si l'on retrouve toujours, en nombre plus ou moins important, des Francs-Maçons dans toutes les aventures religieuses hétérodoxes, de l'Église catholique de France de l'abbé Châtel, sous la monarchie de Juillet, à l'Église gnostique de Jules Doisnel à la fin du siècle.

L'attitude du second Empire à l'égard du cléricalisme catholique est assez ambiguë. D'un côté, il se méfie des cercles et groupes cléricaux soupçonnés, à juste titre, d'abriter des royalistes hostiles, d'un autre côté, il est soucieux de ménager l'opinion publique rurale, très attachée au catholicisme et qui constitue l'un de ses soutiens politiques. Cette ambiguïté se retrouve dans la politique étrangère de l'ancien carbonaro devenu Napoléon III. Il aide l'Italie à construire son unité par une guerre contre l'Empire autrichien en 1858-59, mais, pour ne pas s'aliéner totalement les Catholiques, il défend les États du pape en 1860. Or, parmi ceux qui sont favorables à cette défense, on trouve le sénateur-prince Murat, par ailleurs Grand-Maître du GODF. Les Maçons du GODF vivent mal cette prise de position, estimant ne pas avoir à faire de cadeau au pape, compte tenu des prises de position de l'Église catholique. Une crise éclate lors du convent qui doit procéder à l'élection du Grand-Maître en 1861. Le prince Murat aimerait se voir réélu, mais ses adversaires lui opposent habilement la candidature du prince Jérôme Bonaparte, connu pour ses sympathies de gauche et son anticléricalisme. Son élection est acquise par 91 voix contre 1 ! Dans le même temps, le ministre de l'Intérieur Persigny, un fidèle de l'Empereur, Maçon et plutôt anticlérical lui-même, tout en faisant l'éloge de la Maçonnerie, s'en prend, dans une circulaire d'octobre 1861 à des sociétés de bienfaisance catholiques accusées de dissimuler de l'agitation monarchiste. La haute hiérarchie catholique monte en première ligne, déclenchant un véritable tir de barrage contre l'Ordre. Napoléon III ne peut plus alors accepter qu'un Bonaparte, même si ce n'est pas celui qu'il apprécie le plus, devienne Grand-Maître du GODF. Le 11 janvier 1862, il fait nommer, sur proposition du ministre de l'Intérieur, le maréchal Magnan Grand-Maître du GODF pour trois ans. Circonstance cocasse, ce dernier n'était pas Maçon et, lors de son investiture, il doit recevoir d'un coup les trois grades bleus et les 33 degrés de l'écossisme !

Ce militaire, maréchal par la grâce de sa participation active au coup d'État de 1851, Maçon de la 11e heure, fut, au contraire de ce que certains pouvaient craindre, un Grand-Maître plutôt libéral, efficace paravent contre les pressions de toutes sortes, et se fit tant apprécier qu'il fut réélu en 1864, l'Empereur ayant rendu au GODF le droit d'élire librement son Grand-Maître.

C'est dans cette décennie 1860-1870 qu'une nouvelle génération vient prendre la relève des Maçons romantiques et utopistes de la première moitié du siècle. Jusque-là, l'aile marchante de la Maçonnerie avait rompu avec la monarchie et le catholicisme romain, mais restait attachée au symbolisme, au rituel et à un certain ésotérisme, voire à l'occultisme. Bien des socialistes français de l'époque ont une dimension spiritualiste méconnue. Certains sont à l'aise dans une Franc-Maçonnerie qui leur offre un cadre rituel en même temps qu'une proximité avec le mouvement politique. On ne peut les citer tous; nommons toutefois Luc Riche-Gardon, homme de loi et socialiste saint-simonien, puis fouriériste. En 1858, il est Vénérable de la loge *La Renaissance par les Émules d'Hiram*; il y mène en même temps une opposition prudente au prince Murat et à l'Empire et une œuvre de renouveau doctrinal maçonnique dans une perspective initiatique. Peut-être est-il un des premiers Maçons à se réclamer ouvertement d'une Tradition commune à tous les peuples, posant à la source la Loi morale voulue par le Grand Architecte de l'Univers. Dans sa revue, le *Journal des Initiés*, il a presque un ton guénonien quand, en 1868, il définit l'initiation comme le «*dépôt transmis d'âge en âge et de peuple en peuple des découvertes faites sur les lois naturelles ou positives de la Création, spécialement du point de vue des conditions de l'ordre moral, naturel, universel et providentiel qui est la destination de l'homme sur ce globe*» [47]. Il s'oppose aussi naturellement à toutes les tentatives d'abandonner la référence au GADLU. Mais Riche-Gardon et ses épigones sont désormais minoritaires; la Franc-Maçonnerie s'est ouverte à des hommes formés dans le nouveau courant de pensée positiviste et scientiste qui s'appuie sur la révolution scientifique de la seconde moitié du XIXe siècle.

Pour eux, les spéculations initiatiques et symboliques de la Maçonnerie sont à ranger, comme la théologie catholique, au rang des superstitions qu'il faut abolir. Ils s'unissent plus ou moins derrière Marie Alexandre Massol, lui aussi, un temps, Vénérable de *La Renaissance par les Émules d'Hiram*, mais libre penseur, disciple de Proudhon. Massol prône la répudiation de toute référence religieuse dans les rituels maçonniques, pour les remplacer par une référence à la morale universelle sous l'égide de la devise «*Liberté, Égalité, Fraternité*».

Le scandale autour des obsèques du maréchal Magnan, en 1865, donne le coup d'envoi décisif à l'anticléricalisme maçonnique et emporte, dans la foulée, le traditionnel déisme du GODF.

Lors de ses funérailles en l'église des Invalides, à côté de son bâton de maréchal de France et de son écharpe de sénateur d'Empire, figurait en bonne place son cordon de Grand-Maître du GODF. La cérémonie religieuse elle-même était célébrée par Mgr Darboy, archevêque de Paris. Quand le fait fut connu à Rome, le pape Pie IX, auteur du *Syllabus*, encyclique qui portait condamnation de la modernité et de la démocratie, lui expédia une mercuriale aux accents virulents, rappelant sans ménagement les traditionnelles condamnations romaines. Ce fut le signal d'une campagne de diabolisation menée par l'épiscopat français. Il est probable que c'est à ce moment que l'ensemble des Maçons français bascule franchement dans l'anticatholicisme, convaincu qu'une lutte à mort s'ouvrait. Comme, de l'autre côté, on était convaincu que Satan menait le bal, les conditions étaient désormais réunies d'un affrontement sans merci. Il ne faut pas s'étonner alors que la question de la référence au GADLU, que la plupart assimilent à Dieu, devienne centrale dans les travaux des loges du GODF à partir de ce moment. Marie Alexandre Massol, déjà cité, se tient en pointe dans le débat en réclamant que les Maçons en viennent à une morale indépendante de toute référence religieuse, renvoyant la croyance ou non en Dieu dans la sphère privée de chaque frère. Il a de nombreux soutiens et de forts opposants qui s'inquiètent de l'appauvrissement qui résulterait, pour les rituels, de la suppression de toute référence transcendante. Certains s'inquiètent aussi des répercussions d'une telle prise de position sur les relations avec les Maçonneries mondiales et, particulièrement, l'anglaise. Les motions visant la réforme des statuts sur la question du GADLU sont repoussées lors de chaque Convent, mais chacun sent bien que ce n'est qu'une question de temps.

Dans ces dernières années du second Empire, on voit aussi s'engager les premières escarmouches de la guerre scolaire qui va opposer, pendant plus d'un siècle, les tenants de la laïcité, dont l'obédience du GODF représente le fer de lance, et les tenants de l'enseignement catholique.

En 1866, en effet, les lumières maçonniques sont reçues par Jean Macé (1815-1894). Jean Macé est une des personnalités les plus attachantes que le siècle ait produites: curieux de tout, d'une culture encyclopédique, préférant le grand air à la ville, cet enseignant est un pédagogue novateur, mais aussi un républicain clairvoyant qui sent bien que l'octroi du suffrage universel n'a de sens que si tous les citoyens disposent du bagage culturel leur permettant de se prononcer valablement. C'est la raison pour laquelle il s'engage, dès le début des années 1860, dans le combat pour l'éducation populaire. En 1866, il fonde la *Ligue de l'Enseignement* dont le but est d'œuvrer pour la mise en place d'une instruction publique obligatoire, dégagée de la tutelle d'une Église jugée réactionnaire. Cette préoccupation rencontre celle de la Maçonnerie, d'autant mieux que Jean Macé est reçu Maçon la même année. D'emblée, la synergie se fait: dès 1867, les loges sont informées de l'intérêt de la Ligue. À la fin de l'année, celle-ci compte près de 4750 adhérents, parmi lesquels de nombreux Maçons, et sept loges maçonniques y adhèrent en tant que telles; il y en a quinze en 1868. Naturellement, le clergé s'offusque de cette intrusion sur un terrain qu'il estime réservé et qui est effectivement un enjeu important parce que l'enseignement conditionne l'acquisition d'une vision du monde. Il se rend compte très tôt de la collusion de la Ligue et des Maçons, lesquels n'en font d'ailleurs pas mystère, ce qui accroît encore l'âpreté de la lutte.

- Du gouvernement de la Défense nationale à la séparation de l'Église et de l'État

Après 1865, le Grand Orient de France et, dans une moindre mesure, le Suprême Conseil se sont transformés en structures d'accueil des cadres républicains. Au point que, le 4 septembre 1870, les hommes qui proclament la République, après la capture de Napoléon III à Sedan, sont presque tous Francs-Maçons. Le gouvernement de la Défense nationale est composé de douze membres sous la présidence du général Trochu. Huit sont Francs-Maçons: Eugène Pelletan à l'Instruction publique, où il remplace le frère Jules Simon, Léon Gambetta à l'Intérieur, Isaac Crémieux, vétéran de la seconde République, à la Justice, où il obtient que la nationalité française soit accordée aux juifs d'Algérie, Emmanuel Arago lui succède dans ce poste, Louis Garnier-Pagès, autre vétéran de 1848, est ministre sans portefeuille, ainsi que le célèbre polémiste Henri de Rochefort. Deux autres ministres, Jules Ferry et Jules Favre, ne sont pas encore Maçons mais le deviendront respectivement en 1875 et 1877. Dès lors, il se noue entre la République et la Franc-Maçonnerie une sorte d'alliance nourrie d'affinités philosophiques à l'enseigne du positivisme et du scientisme, au point que l'historien Pierre Chevallier a pu surnommer la Maçonnerie «*l'Église de la République*».

La Franc-Maçonnerie, et surtout le GODF, est encore le seul groupe stable, structuré et capable de couvrir non seulement le territoire national mais aussi les colonies. Dans un pays encore très majoritairement catholique et monarchiste, qui s'appuie sur l'Église et le réseau des notables, le GODF est, avant la naissance des syndicats et des partis modernes, la seule organisation capable de rivaliser avec l'Église. Si la Maçonnerie est devenue républicaine et anticléricale par dérive progressive, et, il faut bien le dire, par la sottise des milieux royalistes et cléricaux, beaucoup de républicains se firent recevoir Maçons après 1871, convaincus de trouver en loge les meilleurs relais d'opinion. L'enjeu est, en effet, beaucoup plus de travailler les esprits pour y ensemencer la culture républicaine et laïque que de contrôler l'appareil d'État. Cela dit, c'est à l'initiative des frères Gustave Mesureur et Léon Bourgeois qu'est fondé en 1901 le premier vrai parti politique de l'ère moderne, le *Parti Républicain Radical et Radical-Socialiste.* L'imbrication des Francs-Maçons et du Parti Radical est impressionnante. C'est lui qui fait voter, en 1905, la loi sur la séparation de l'Église et de l'État. On a pu dire, pendant longtemps, qu'il fallait scruter le contenu des motions des convents du GODF pour anticiper les options du Parti Radical.

Il n'est pas possible de détailler l'ensemble des interactions de la Maçonnerie et du mouvement républicain. Quelques pistes suffiront ici. La Franc-Maçonnerie de la IIIe République recrute maintenant, surtout dans la petite bourgeoisie, des commerçants et artisans, et, dans la moyenne bourgeoisie, des avocats, journalistes, professeurs et médecins, sans parler des fonctionnaires de l'État, surtout les instituteurs après la mise en place des lois Ferry sur l'éducation. Notons que ce nouveau groupe social des instituteurs est pris en tenaille entre ses membres maçons et ses nombreux adhérents à la Ligue de l'Enseignement que l'on peut, à bon droit, considérer comme une filiale de la Maçonnerie. D'une manière générale, c'est la constitution de groupes de relais d'opinion qui est visée pour convertir les esprits à la République et à ses valeurs. De ce point de vue, l'investissement maçonnique sur l'éducation n'est pas désintéressé : transmettre le savoir au peuple n'est pas l'objectif premier, il s'agit de transmettre un savoir orienté à fin de conversion en arrachant le peuple au magistère de l'Église catholique.

L'armée, traditionnellement catholique et qui a beaucoup perdu de son imprégnation maçonnique depuis la disparition des loges militaires, est aussi l'un des objectifs visés. La pénétration dans les milieux militaires fut d'ailleurs l'occasion d'un scandale qui faillit emporter et la Maçonnerie et la République : *l'Affaire des Fiches.*

Le corps des officiers est suspect aux yeux des républicains militants, au nombre desquels les Francs-Maçons du GODF. Si les officiers français sont patriotes, ils séparent, pour une grande majorité d'entre eux, amour de la patrie et loyauté pour un régime républicain ouvertement anticlérical. En 1900, le général Louis André, Franc-Maçon, devient ministre de la Guerre et décide de modifier le système d'avancement des officiers en privilégiant ceux qui donnent des signes d'adhésion au régime et en faisant piétiner les autres. Comme il est difficile d'organiser cela de manière interne à l'armée : il n'y a pas assez d'officiers républicains affirmés, il décide d'utiliser le réseau du GODF. Il le fait d'autant plus volontiers que Frédéric Desmons, membre éminent du Conseil de l'Ordre, instance dirigeante de l'obédience, l'assure que le GODF, qui veut lutter contre l'emprise cléricale sur l'armée, est prêt à l'aider. L'idée consiste alors à organiser, sous l'égide du secrétariat du GODF, une structure de renseignement alimentée par le réseau des loges pour étoffer deux fichiers, le fichier *Corinthe* pour les officiers républicains et, si possible, Maçons dont il faut accélérer l'avancement pour les mettre aux postes essentiels, et le fichier *Carthage* pour les officiers monarchistes et catholiques qu'il convient de maintenir sur des voies de garage. Les Maçons vont donc se transformer en espions des officiers, notant leurs fréquentations et leur assistance éventuelle aux offices religieux pour alimenter un système de fiches à destination du ministère. De 1901 à 1904, près de 20000 fiches vont être acheminées, surtout pour le fichier *Carthage*. Or, il se trouve que le système repose en partie sur un Maçon, adjoint au chef du secrétariat du GODF, Jean-Baptiste Bidegain, qui est vraisemblablement un «*agent*» infiltré des milieux catholiques antimaçons. Bidegain donne copie d'un certain nombre de dossiers à deux membres éminents de la droite nationaliste: le député de la Seine Guyot de Villeneuve, ancien officier, et Gabriel Syveton, membre de la *Ligue de la Patrie Française*. En pleine Chambre des députés, Villeneuve laisse d'abord le général André s'enferrer en niant la réalité du système, puis il donne lecture publique de quelques dossiers. Le scandale est énorme. Nous n'en suivrons pas les péripéties; retenons seulement que le GODF revendique publiquement la responsabilité de l'affaire au nom de la défense de la République, mais, en interne, il y a des remous, certains estimant que l'inadmissible avait été atteint. De fait, le GODF a franchi là un pas lourd de conséquences: de groupe d'influence métapolitique il s'est mué en police politique, accréditant les pires soupçons de l'antimaçonnisme.

L'œil dans le triangle rayonnant, symbole maçonnique du Grand Architecte de l'Univers.

- 1877: la «répudiation» du Grand Architecte de l'Univers par le Grand Orient de France et la rupture de la fraternité maçonnique universelle.

Ce thème concerne l'histoire interne des rapports de la Maçonnerie au spirituel, mais, en même temps, il est tributaire de l'engagement politique laïc de la principale obédience française.

La question du GADLU, on le sait, est devenue centrale dans les controverses doctrinales internes au GODF dans les années 1860, sous la double pression des maladresses de l'Église catholique et de l'arrivée d'une nouvelle génération intellectuelle de Maçons positivistes, sinon matérialistes. Certains estiment que répudier la référence au GADLU serait clarifier la situation et délivrer la Maçonnerie des restes de la «*superstition religieuse*». Les frères sont partagés: la majorité incline au positivisme, une minorité reste attachée au caractère déiste de l'Ordre, certains craignent de dénaturer des rituels auxquels ils sont attachés, d'autres, enfin, redoutent les répercussions d'un tel choix sur les relations maçonniques internationales. Sous l'Empire, il n'était pas question de procéder à une telle réforme qui aurait pris des allures de provocation. Mais, forts désormais de la synergie entre Maçonnerie et République, les positivistes pouvaient revenir à la charge.

L'occasion fut le Convent de 1877. Là, après deux ans de débats, est proposée par le pasteur Frédéric Desmons, rapporteur de la *commission des vœux*, une modification de l'article 1er des statuts du GODF portant suppression de l'obligation de la référence au Grand Architecte de l'Univers et de la croyance en l'immortalité de l'âme. Pour bien comprendre la situation, il faut se souvenir que c'est assez tardivement que le GODF s'était penché sur une définition de la Franc-Maçonnerie. C'est seulement en 1849 que la définition suivante avait été adoptée:

«*Article 1: La Maçonnerie est une association philanthropique, universelle, qui a pour base le dogme de la fraternité, et dont tous les membres sont obligés, par le seul fait de leur admission, à concourir, dans l'étendue de leurs facultés, au perfectionnement moral et intellectuel et au bien-être matériel de l'humanité.*

Article 3: La Maçonnerie reconnaît et proclame comme point de départ de ses recherches philosophiques, et comme faits au-dessus de toutes contestations, l'existence de Dieu et l'immortalité de l'âme.»

En 1865, l'ensemble avait été modifié, sans changer notablement le sens:

«*Article 1: La Franc-Maçonnerie, Institution essentiellement philanthropique, philosophique et progressive, a pour objet la recherche de la Vérité, l'étude de la Morale universelle, des sciences et des arts, et l'exercice de la bienfaisance.*

Elle a pour principes l'existence de Dieu, l'immortalité de l'âme et la solidarité humaine.

Elle regarde la liberté de conscience comme un droit propre à chaque homme, et n'exclut personne pour ses croyances.

Elle a pour devise: Liberté, Égalité, Fraternité.»

Le texte finalement adopté après débat au Convent de 1877 est le suivant:

«*La Franc-Maçonnerie, institution essentiellement philanthropique, philosophique et progressive, a pour objet la recherche de la vérité, l'étude de la morale universelle, des sciences et des arts, et l'exercice de la bienfaisance.*

Elle a pour principes la liberté absolue de conscience et la solidarité humaine. Elle n'exclut personne pour ses croyances.

Elle a pour devise: Liberté, Égalité, Fraternité.»

La vérité oblige à dire que la suppression de l'obligation de la référence au GADLU ne vaut pas interdiction. Il est précisé par le Conseil de l'Ordre, l'année suivante, que les loges qui le souhaitent peuvent continuer sans obstacle à travailler «*à la Gloire du Grand Architecte de l'Univers*». Le GODF n'a d'ailleurs jamais varié officiellement sur ce point. Il est donc faux de soutenir qu'il aurait «*répudié*» Dieu. Cependant, il faut tenir compte de la formidable pression de conformité que les Maçons positivistes, voire matérialistes et athées, vont exercer dans les années suivantes, notamment à l'occasion des grands combats laïcs à propos de l'enseignement, pour la suppression des congrégations et pour la séparation de l'Église et de l'État : il sera de plus en plus difficile pour des Maçons du GODF de vouloir faire référence au GADLU sans s'exposer au soupçon de crypto-cléricalisme.

La riposte de la Maçonnerie internationale, et, d'abord, de la Maçonnerie anglo-saxonne, ne se fait pas attendre. En 1878, les ponts sont définitivement rompus.

Les conséquences pour la Maçonnerie française sont multiples. La rupture de 1877 entraîne l'appauvrissement des rituels, donc de l'expérience maçonnique intime. Elle va aussi créer, au XXe siècle, les conditions d'une nostalgie de l'expérience spirituelle au sein de la Maçonnerie, nostalgie qui va nourrir une volonté de retourner à des pratiques vraiment initiatiques en retrouvant, par exemple, des rites ou des rituels anciens plus spirituels. Comme il n'est pas facile de mener ces expériences au sein d'un GODF dont la majorité des membres regardent avec mépris ces nostalgies «*superstitieuses*», apparaît une volonté de créer de nouvelles structures obédientielles. C'est ainsi que des Maçons français vont recréer, à partir de 1913, une nouvelle obédience, qui va adhérer aux *landmarks* de la GLUA et renouer le fil avec la Maçonnerie mondiale, tout en se coupant paradoxalement des autres obédiences françaises.

Tableau de Loge d'Apprenti.
Rite anglais.

Chapitre III
La Franc-Maçonnerie dans la tourmente du XXe siècle

• La Franc-Maçonnerie et les régimes totalitaires et autoritaires du XXe siècle

Sans entrer dans des précisions hors du cadre de cet ouvrage, nous considérons comme régimes totalitaires les trois régimes couramment reconnus comme tels par les historiens et philosophes politiques, à savoir, par ordre d'entrée en scène: le communisme soviétique, le fascisme italien et le national-socialisme allemand.

Les régimes totalitaires, à travers des modalités différentes, et une certaine ambiguïté dans le cas italien, manifestent une hostilité sans faille à l'égard de la Franc-Maçonnerie. En effet, le point commun de ces régimes, c'est la certitude de détenir la « Vérité » sur ce qui est « bien » pour la communauté politique qu'ils prennent en charge. De ce fait, assurer la mise en œuvre de ce « bien » les autorise à s'emparer de toutes les institutions publiques et privées, ou au moins à se les soumettre étroitement. La Franc-Maçonnerie, par son fonctionnement qui exclut les non-initiés et se garantit par le serment, ne peut trouver sa place dans un système totalitaire. Précisons que toutes les Franc-Maçonneries n'ont pas été confrontées au totalitarisme, et pas au même titre: la Franc-Maçonnerie anglo-saxonne s'est trouvée abritée des turbulences; la Franc-Maçonnerie française, même si elle a cumulé la confrontation à un régime autoritaire à fondement religieux catholique et l'occupation nazie en lutte contre tous les groupes soupçonnés de résistance, n'y a été confrontée que pour un court laps de temps. En revanche, les Franc-Maçonneries allemande, italienne et celles des pays de l'Est européen et de la Russie ont eu beaucoup plus durablement à souffrir.

– Franc-Maçonnerie et communisme

Les rapports entre Franc-Maçonnerie et communisme furent quelquefois troubles.

Du côté maçonnique, la fascination pour le marxisme au début du XXe siècle, et bien après, a empêché de considérer le communisme comme intrinsèquement totalitaire: comme beaucoup d'hommes de gauche, les Francs-Maçons ont longtemps considéré le communisme comme un système fondé sur de bons sentiments mal mis en œuvre, mais auquel on pouvait faire crédit dans l'espoir qu'il s'amenderait. La période de confrontation commune au nazisme a accentué le brouillage des cartes en créant une solidarité conjoncturelle de combat et en rangeant, malgré l'épisode du pacte germano-soviétique, le communisme dans le camp de la liberté.

Du côté communiste, les choses ont toujours été beaucoup plus claires. Pour un marxiste-léniniste, la Franc-Maçonnerie appartient à un stade dépassé de la pensée bourgeoise, qui a pu avoir un rôle positif dans le processus révolutionnaire séculaire, mais qui est désormais inutile, surtout par ses rites et symboles, qui n'ont aucun sens dans la perspective du matérialisme dialectique. Dès la révolution d'Octobre, la

Maçonnerie est proscrite en Russie: les Maçons sont désormais destinés au Goulag ou aux pelotons d'exécution. En Europe occidentale, lorsqu'il faut choisir entre la II^nde et la IIIe Internationales, les Maçons socialistes choisissent en majorité le socialisme démocratique, répugnant à l'embrigadement communiste. C'est le cas en France, au congrès de Tours de 1920. En 1922, la IIIe Internationale enfonce le clou: Trotsky lui-même proclame que la Franc-Maçonnerie doit être balayée par «*un balai de fer*», et les communistes du monde entier qui seraient encore Maçons sont mis en demeure de quitter l'Ordre.

Après l'entrée en guerre de l'URSS contre l'Allemagne de Hitler, les communistes vont modifier leur position. Désormais, l'antifascisme est fédérateur et il faut s'allier contre l'ennemi commun. Cette position sera continuée après la Seconde Guerre mondiale dans le contexte de la Guerre froide: la priorité est de rechercher des alliances, des compagnons de route, des «*idiots utiles*», dans tous les milieux, pour lutter contre «l'impérialisme» et briser l'isolement du monde communiste. Les Maçonneries française et italienne de gauche fournissent alors un bon contingent de compagnons de route, surtout lorsqu'il est question de lutte contre la colonisation. Mais, et la nuance est de taille, cette position n'est valable que dans les pays de l'Ouest: en URSS et dans les pays du bloc communiste, la Franc-Maçonnerie reste rigoureusement interdite comme mouvement «réactionnaire capitaliste». Le fait est que, après 75 ou 45 ans de communisme, la Franc-Maçonnerie avait complètement disparu de Russie et d'Europe de l'Est. La seule exception est le Cuba de Fidel Castro. Là, la Maçonnerie bénéficie d'un trait particulier qui lui attribue le statut de religion en Amérique latine; elle est donc tolérée comme religion. Depuis la chute des régimes totalitaires communistes en Europe, les exclusives antimaçonniques ont disparu et, à l'inverse, les Maçonneries ouest-européennes ne sont plus réticentes à l'entrée en loge de communistes: le crédit démocratique est à nouveau ouvert...

En revanche, la Maçonnerie anglo-saxonne considère toujours que le communisme est une idéologie totalitaire en soi, et doit donc être combattue comme antimaçonnique.

– Franc-Maçonnerie, fascisme et nazisme

La légende dorée maçonnique voudrait que les rapports de la Maçonnerie et du fascisme aient été d'emblée placés sous le signe de la lutte du Bien contre le Mal. En réalité, les choses sont beaucoup plus grises. La Maçonnerie italienne présente des caractéristiques qui ne la rendent pas a priori suspecte d'hostilité à la patrie: en témoigne son engagement dans le Risorgimento. Si le Grand Orient d'Italie affiche des proximités idéologiques de gauche, la Grande Loge d'Italie, fondée en 1908, compte des nationalistes convaincus qui tentèrent, d'ailleurs, contre Mussolini lui-même, d'éviter l'entrée de l'Italie dans la Première Guerre mondiale. Le fascisme, de son côté, est fondé par des socialistes, au premier rang desquels Mussolini, et n'affiche pas au départ une grande sympathie pour l'Église et les milieux catholiques. Il y a là, dans l'immédiat après-guerre, des possibilités de rencontre. De fait, Raul Palermi, Grand-Maître de la Grande Loge d'Italie, se rallie au fascisme et conduit d'abord Mussolini à ne pas englober son obédience (dont bon nombre de membres appartiennent au parti fasciste) dans les mesures qui vont frapper le Grand Orient d'Italie à partir de 1923, avec les arrestations, l'exil ou les assassinats de certains membres. Même après la grande loi contre la Franc-Maçonnerie de 1925, la répression reste sélective.

Mais, pour consolider son régime, Mussolini fait le choix de l'alliance avec l'Église catholique par les accords du Latran de février 1929. Du même coup, il désavoue l'aile antichrétienne du parti fasciste et… les Francs-Maçons fascistes car l'Église exige que les condamnations s'appliquent à tous les Maçons. À partir de ce moment, la Franc-Maçonnerie est définitivement interdite.

En Allemagne, les choses sont à la fois semblables et différentes. Nous connaissons déjà les causes de la division de style entre la Maçonnerie libérale de l'Allemagne de l'Ouest et la Maçonnerie aristocratique et conservatrice de la Prusse. Le national-socialisme est, quant à lui, immédiatement hostile à la Maçonnerie: celle-ci possède trop d'éléments de rituel et de symbolique d'origine judéo-chrétienne pour trouver grâce aux yeux de l'antisémitisme hitlérien: c'est l'heure du complot judéo-maçonnique. Dès l'arrivée au pouvoir d'Adolf Hitler en janvier 1933, les obédiences libérales, ayant bien senti le danger, se mettent en sommeil: il faut dire que beaucoup parmi leurs membres se sont ralliés au nazisme et les autres s'attendent à la répression qui ne manque pas de s'abattre: perquisitions, arrestations, déportations, assassinats. Les trois Grandes Loges prussiennes vont tenter de pactiser pour survivre. Profondément luthériennes et nationalistes prussiennes, elles sont aussi fermées aux juifs depuis le XIXe siècle, ce qui leur avait valu des conflits aussi bien avec la GLUA qu'avec le GODF. Elles vont tenter de se faire accepter par le nouveau pouvoir en se transformant en un *Ordre Germano-Chrétien* après avoir gommé les références à l'Ancien Testament dans les rituels et mis l'accent sur un Christ Solaire. Mais elles n'ont pas mesuré, d'une part, à quel point le nazisme plébéien pouvait être hostile à l'aristocratisme prussien et, d'autre part, qu'en régime totalitaire, le Parti ne peut tolérer ce qu'il ne contrôle pas. Au début de 1935, Hitler prend la décision de proscrire toutes les Maçonneries, quelles que soient leurs références, et, en août 1935, les trois Grandes Loges prussiennes s'autodissolvent à leur tour. Désormais, les polices du IIIe Reich, notamment le *Sicherheitsdienst* (S.D., service de renseignement de la SS, surtout à partir de 1939, quand la lutte antimaçonnique se trouve sous la responsabilité directe de Himmler), mènent une politique très répressive qu'elles étendent sur l'Europe au fur et à mesure des conquêtes hitlériennes. Les Francs-Maçons allemands paient alors un lourd tribut. La Maçonnerie ne se relève en Allemagne qu'après 1945, sous un étroit contrôle anglo-américain.

– Le franquisme et Vichy

Il s'agit de régimes autoritaires, non totalitaires, car l'État ne s'y substitue pas à la société civile pour toute chose. Leur antimaçonnisme est dicté à la fois par les circonstances et une idéologie catholique contre-révolutionnaire.

L'attitude du franquisme à l'égard de la Franc-Maçonnerie est due au contexte particulier de l'Espagne. Dans ce pays ultra-catholique où l'Église, la monarchie et les forces sociales conservatrices avaient noué une alliance organique, la Maçonnerie, qui, de plus, avait fauté avec l'occupant napoléonien, s'est trouvée rejetée dans le camp « libéral » et longtemps proscrite. À partir de 1868, l'évolution politique libérale fait que la Maçonnerie se trouve légalisée, et peut intensifier son combat pour laïciser le pays, ce qui se traduit par la revendication de la séparation de l'Église et de l'État, du mariage civil et de la reconnaissance du divorce. En 1931, lors de la proclamation de la République, la Maçonnerie espagnole se rallie naturellement avec enthousiasme dans l'espoir de voir enfin ses revendications aboutir. Pour donner un exemple, si les Maçons espagnols ne sont pas plus de 5000 pour 24 millions d'habitants, ils représentent 35 % des députés de l'Assemblée constituante élue. Le soulèvement franquiste se faisant en 1936 sur la base d'une alliance entre la Phalange nationaliste révolutionnaire et les conservateurs cléricaux, la Maçonnerie ne pouvait que se trouver dans la ligne de mire. Durant la Guerre Civile, les franquistes se livrèrent à des exécutions de leurs opposants, des Maçons payèrent alors de leur vie leur engagement républicain, mais il est juste de dire que leur propre camp ne pratiquait pas autrement à l'égard des franquistes.

Après la victoire, le général Franco fit promulguer, en mars 1940, une loi antimaçonnique rétroactive qui permettait de condamner jusqu'à 30 ans de prison tous ceux qui avaient été Maçons. L'origine de cet antimaçonnisme trouve manifestement ses racines dans les condamnations ecclésiastiques, plus que dans un refus totalitaire des sociétés secrètes. En effet, le régime franquiste n'a pas du tout les mêmes préventions à l'encontre de la fort discrète *Opus Dei* du cardinal Balaguer. La Maçonnerie ne reviendra en Espagne qu'après la mort de Franco.

Pour les composantes de l'antimaçonnisme du régime de Vichy, nous renvoyons à l'ouvrage déjà cité de Jérôme Rousse-Lacordaire. Il faut cependant souligner que le régime du maréchal Pétain est, en quelque sorte, l'incarnation de la revanche de 75 ans de défaites politiques de la droite nationaliste, catholique et monarchiste. 75 années qui coïncident avec l'engagement politique et anticlérical maximum de la Maçonnerie française. Inscrite de manière partisane dans un camp qui venait de subir la défaite, n'ayant pas ménagé elle-même ses coups à ses adversaires, la Franc-Maçonnerie française, en 1940, ne devrait pas s'étonner des coups qui lui sont portés. Pétain lui-même se souvient fort bien de l'affaire des Fiches et ne l'a pas pardonnée. Par ailleurs, dans les années trente, la Maçonnerie avait fait les gros titres de la presse par l'implication de nombre de ses membres dans les affaires Stavisky et Prince. Certes, les obédiences avaient fait le ménage. À la Grande Loge de France, Albert Lantoine avait publiquement dénoncé les Maçons qui faisaient plus de mal à la Maçonnerie que les antimaçons et, selon Jean-Jacques Gabut, 1342 frères furent alors contraints de quitter l'obédience[48]. Mais, pour l'opinion publique, Maçonnerie rimait désormais avec magouille, sentiment sur lequel les hommes de Vichy se sont appuyés pour régler leurs comptes. Entre août 1940 et février 1941, toutes les obédiences maçonniques ou para-maçonniques comme la *Société Théosophique* sont dissoutes, rendues responsables de la défaite. Les Maçons fonctionnaires sont révoqués, et la loi du 11 août 1941 autorise la publication des noms des Francs-Maçons ainsi désignés à la vindicte populaire. Ajoutons à cela la collaboration des services antimaçonniques de Vichy avec ceux de l'occupant. On estime à 60000 environ le nombre des Maçons en 1939; un millier de Maçons sont déportés, le même nombre est tué durant la guerre mais on peut s'interroger si c'est comme Maçons, juifs ou résistants. En 1945, toujours est-il qu'on ne retrouve dans les loges que le tiers des Maçons de 1939.

Partie IV

ÉTAT ET ENJEUX DE LA FRANC-MAÇONNERIE FRANÇAISE CONTEMPORAINE

Chapitre I
Pratiques de la Franc-Maçonnerie : principes de fonctionnement, rites et obédiences

Tableau de Loge de Compagnon.
Rite anglais.

• Les notions de base de la Franc-Maçonnerie

– La Loge

La Loge est la cellule de base de l'organisme maçonnique. C'est là que le *profane* (le non-Maçon) est initié et que le nouveau Franc-Maçon est instruit et avance dans la carrière maçonnique des Grades Bleus. C'est une communauté structurée autour de différentes fonctions appelées « *offices* » — leurs titulaires sont donc des « *officiers* » —, dont le président est désigné par le terme de « *Vénérable Maître* ». Il est assisté, dans la plupart des rites, d'un *Premier Surveillant*, chargé d'instruire les Compagnons, d'un *Second Surveillant*, chargé d'instruire les Apprentis, d'un *Orateur* gardien d'un fonctionnement conforme aux statuts, aux rituels et aux us et coutumes de la Maçonnerie, d'un *Secrétaire*, le seul à avoir le droit de garder trace écrite des travaux de la loge, d'un *Expert*, chargé de conduire les différentes cérémonies, et d'un *Maître des Cérémonies*, chargé de disposer les locaux de manière conforme et de conduire les déplacements en loge.

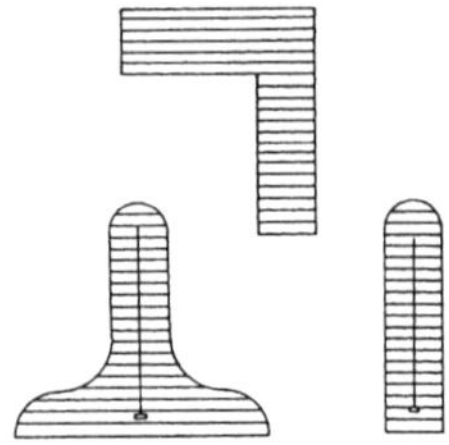

Équerre : bijou du Vénérable.
Niveau : bijou du 1er Surveillant.
Perpendiculaire : bijou du 2nd Surveillant.

Les outils de l'Apprenti : le Maillet de la Volonté, le Ciseau de l'Analyse et la Règle de 24 pouces de la mesure exacte.

La Loge est donc, à la fois, un lieu de sociabilité, où l'affectivité a souvent une grande place, et un lieu de travail.

Ce qu'on appelle « *Grande Loge* » est, à l'origine, la réunion occasionnelle des représentants de plusieurs loges d'un même ressort géographique. Aujourd'hui, c'est tout simplement une « *obédience* », c'est-à-dire une « *puissance maçonnique* » qui préside à la création de loges, leur délivre des « *patentes* » qui les rendent « *régulières* » et les représente vis-à-vis des autres puissances maçonniques. Il existe souvent un conflit entre les « *Grandes Loges* », qui tendent à considérer les loges comme leurs sections locales, et les loges, qui tendent à considérer les « *Grandes Loges* » comme de simples commodités administratives.

– Le travail maçonnique

L'approche historique a pu donner une idée de la diversité des préoccupations des Francs-Maçons de par le monde, et incliner à penser qu'il n'y a pas « *une* » mais « *des* » Franc-Maçonneries. Le contenu du travail dépend alors de trois facteurs qui se modulent les uns les autres : les orientations de l'obédience à laquelle appartient une loge, le rite maçonnique qu'elle pratique et les affinités intellectuelles, spirituelles et sociales sur lesquelles elle s'est construite. Il faut tenir compte aussi des variations de l'esprit du temps et de la culture générale des sociétés dans lesquelles baignent les structures maçonniques. C'est ainsi, par exemple, que le XVIIIe siècle maçonnique exprime d'abord le besoin de s'associer librement en développant une convivialité transcendant des cadres sociaux devenus rigides, s'inscrit dans l'effervescence intellectuelle et scientifique des Lumières, mais, en même temps, manifeste un intérêt soutenu pour la chevalerie, l'alchimie, le mysticisme et tous les mystères « occultes ». Le XIXe siècle connaît un rétrécissement, dans l'aire anglo-saxonne, sur la sociabilité et la bienfaisance sociale, dans l'aire latine, sur l'engagement politique et anticlérical, avec, cependant, toujours, le maintien d'un petit courant occulte issu du romantisme. Le XXe siècle voit le retour progressif du symbolisme et de l'ésotérisme, tout en confrontant, dans la seconde moitié du siècle, la Franc-Maçonnerie française à la crise des grands discours totalisants et des grandes organisations. Et le début du XXIe siècle hérite d'un « *paysage maçonnique français* » qui n'a jamais été aussi éclaté en termes de centres d'intérêt et d'organisations. Les loges, dont les appareils obédientiels maîtrisent de moins en moins les choix, semblent redevenir les éléments clefs dans le choix d'un style de travail. Et l'on trouve aujourd'hui, aussi bien un travail de réflexion politique et sociale, la pratique d'une simple convivialité, des débats intellectuels très élitistes, le recentrage sur le symbolisme et l'histoire maçonnique, des recherches spirituelles ou ésotériques qui confrontent l'expérience maçonnique au christianisme (mais, cette fois-ci, dans un sens empathique), au bouddhisme, au renouveau païen, à la magie, à l'hermétisme, au travail sur soi, au *new age,* etc.

Quelles que soient les orientations de travail, il existe une manière de travailler commune qui privilégie l'échange à travers une manière de débattre fondée sur l'écoute réciproque, la courtoisie et le primat de la réalisation collective sur la mise en avant individuelle.

– L'Initiation et le Secret

Les deux termes sont liés, affirmation qui mérite explication. Le caractère initiatique de la Franc-Maçonnerie n'est pas accepté par tous les Francs-Maçons. Une large fraction de la Maçonnerie anglo-saxonne, qui se considère comme un Ordre de Société tourné vers la bienfaisance sociale, préfère parler de «*réception*» en Franc-Maçonnerie, plutôt que d'*initiation*, terme qui risquerait de la faire apparaître comme une concurrente des religions établies, ce qu'elle refuse absolument. Dans une autre approche, une fraction de la Franc-Maçonnerie latine, toujours sensible au positivisme, considère que la référence initiatique est superflue, car entachée de «*dogmatisme religieux*». Parler d'initiation maçonnique suppose, en effet, de rattacher la Franc-Maçonnerie à une source symbolique et ésotérique traditionnelle. Lorsque la Franc-Maçonnerie se présente comme une société initiatique, qu'est-ce à dire? En peu de mots, il est difficile de faire le tour du phénomène initiatique, en général, et maçonnique, en particulier. Il faut s'en tenir ici à une définition élémentaire. L'initiation est une expérience spéciale que l'on fait vivre à un impétrant par le moyen de rites symboliques particuliers. Cette expérience est considérée comme une nouvelle naissance dans une communauté élective.

C'est là qu'intervient la notion de «*secret*». Secret du rituel et de la cérémonie, certes, mais, contrairement à ce qu'on pourrait croire, la quasi-totalité des rituels maçonniques, dont les rituels d'initiation, sont connus et accessibles à n'importe quel chercheur. Il suffit pour cela d'éplucher les bibliographies spécialisées ou d'avoir recours aux fonds maçonniques des bibliothèques et centres d'archives publics. Cependant, les Maçons font remarquer, à juste raison, que connaître le texte d'un rituel n'est rien, puisque l'essentiel est le vécu personnel de l'initiation qui, par définition, est intransmissible. Là se trouverait le véritable secret que ne peuvent partager que ceux qui ont vécu la même expérience.

Une autre acception du secret est constituée par le «*secret d'appartenance*». Cela signifie qu'un Maçon est libre de se dévoiler à titre personnel, mais que le serment qu'il a prêté lui interdit de dévoiler la qualité maçonnique d'un autre Maçon, comme de révéler le contenu de ce qui se dit ou fait en loge.

– La notion de Rite et de Régime

La notion de «*rite*» maçonnique peut être définie comme l'ordre et la manière spécifique d'accomplir les cérémonies et d'organiser la progressivité des grades. Elle renvoie d'abord à l'organisation rituelle et symbolique des *Hauts Grades*. En retour, cependant, chaque rite a remodelé les rituels des trois premiers degrés pour les rendre cohérents avec les développements ultérieurs qu'il propose. La Maçonnerie Bleue est alors considérée comme une simple propédeutique. Ce dernier point occasionne fréquemment des frictions car, dans chaque rite, Maçonnerie Bleue et Hauts Grades ne sont pas contrôlés par les mêmes organisations. Les loges des trois premiers degrés dépendent d'obédiences appelées « *Grandes Loges* » ou « *Grands Orients* », qui entendent les gérer souverainement. Les Hauts Grades, eux, dépendent d'organisations spécifiques qui peuvent s'appeler « *Loges de Perfection* », « *Chapitres* », « *Aréopages* », « *Suprêmes Conseils* », etc. Or, si les trois premiers grades de la Maçonnerie sont un élément préparatoire à l'acquisition des Hauts Grades, les structures qui administrent ceux-ci peuvent aussi vouloir intervenir sur les loges bleues.

Certains Rites, cependant, ont organisé une liaison complémentaire et explicite entre Maçonnerie Bleue et Hauts Grades. On qualifie alors cette organisation de *Régime*.

• Traits spécifiques des principaux Rites et Régimes pratiqués par la Maçonnerie française

Les principaux rites maçonniques pratiqués actuellement en France sont les suivants : le *Rite Écossais Ancien et Accepté*, le *Rite Français*, le *Régime Écossais Rectifié*, auxquels on peut ajouter les différents *Rites Égyptiens* et les *Rites Anglais*. Ils ne sont que la survivance des nombreux systèmes produits de manière bouillonnante et parfois brouillonne par le XVIIIe siècle. C'est l'impression progressive des rituels et des tuileurs au début du XIXe qui a contribué à figer la créativité maçonnique en la matière. En même temps, les Maçons de ce temps, moins préoccupés d'herméneutique symbolique que leurs devanciers, souhaitaient disposer de rituels cohérents, communs et ne variant pas, d'où l'effort de codification. Pour l'essentiel, les rituels pratiqués aujourd'hui sont issus de cette entreprise.

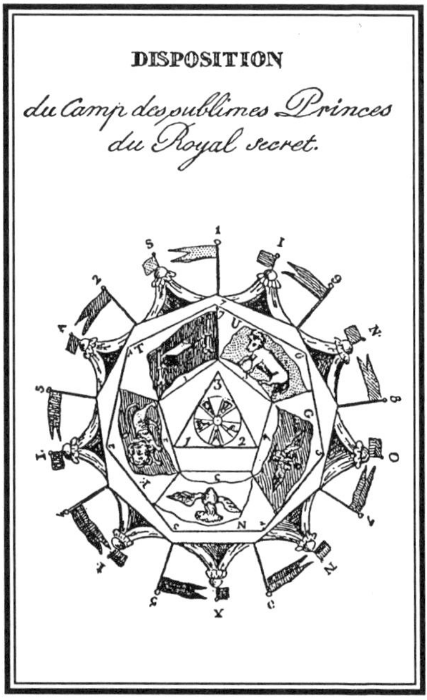

Tableau de Loge des *Sublimes Princes du Royal Secret*, 32e du REAA. Tuileur de Vuillaume, 1830.

– Apports symboliques et initiatiques des Hauts Grades

Ce qui différencie les rites, on l'a dit, ce sont les variations dans l'organisation des cursus symboliques et initiatiques des Hauts Grades. Avant de les considérer chacun pour soi, il faut brièvement retracer le tronc commun mis en place au XVIIIe siècle.

Ce qui motive le Franc-Maçon du XVIIIe siècle, c'est la volonté de maîtriser le «*secret*» initiatique de la Maçonnerie, «*secret*» qui semble résider, selon les approches, soit dans une évolution personnelle mystique, soit dans la maîtrise de techniques magiques ou alchimiques, soit dans la révélation de l'action invisible d'une chaîne d'initiés provenant de la nuit des temps, soit des trois à la fois. La progressivité maçonnique fonctionne alors comme un jeu de piste dont chaque étape donne des réponses en même temps qu'elle pose de nouvelles questions. C'est le processus d'une «révélation» ésotérique sans fin où le chemin que l'initié est appelé à parcourir vaut plus que le but à atteindre. À la recherche du *Nec Plus Ultra* des grades maçonniques, les Maçons du XVIIIe siècle, en partant du noyau légendaire fondamental du meurtre de l'Architecte du Temple de Salomon, Hiram, vont explorer toutes les pistes de l'imaginaire symbolique, en l'enrichissant d'éléments périphériques inspirés de l'hermétisme, de l'alchimie, de la Gnose, de la Kabbale chrétienne, de la magie de la Renaissance, du légendaire Rose+Croix, du légendaire chevaleresque aussi bien issu des Croisades que de la chevalerie du Graal. Ce qui permet, au passage, de signaler la singulière capacité de la Maçonnerie à absorber tous les courants ésotériques, ce qui se vérifie encore au XIXe siècle avec les rites égyptiens.

On peut suivre ici la synthèse que donne le maçonnologue Paul Naudon de ces catégories de Hauts Grades qui apparaissent dans les années 1740-1770:

«... *On peut faire le point des thèmes directs qui servirent d'inspiration aux grades dans leur développement. Ils permettent d'effectuer parmi eux une sorte de classification en séries, empirique peut-être, mais utile pour trouver quelques fils conducteurs sur le plan de l'histoire ou sur celui de la valeur.*

Le premier groupe est né de la sélection des personnes, du désir d'assurer la surveillance ou la direction des loges, de maintenir ou d'infléchir la doctrine de l'Ordre. À cette fin correspondent les divers grades d'Écossais ou d'Architectes, qui apparaissent les premiers parmi les Hauts Grades...

Une deuxième série primitive marque l'intention de continuer les trois grades ymboliques, notamment la légende d'Hiram, dont la mort est restée sans vengeance ou plutôt sans que le sens en ait été totalement exprimé... Cette tâche, poursuite de la Connaissance sur le plan de l'action, sera celle des grades d'Élus: Élu des Neuf, Élu des Onze, Élu des Quinze, Élu de Pérignan...

Un troisième groupe, voisin du précédent, traduit la volonté de remplacer le maître Hiram et de poursuivre la construction du Temple de Salomon, image sensible du temple spirituel que l'homme doit édifier en lui. C'est la quête intime et personnelle de la Connaissance, qu'on voit inspirer les grades de Maître Secret, de Maître Parfait...

Une autre catégorie de Hauts Grades, importante et significative, qui s'intègre aussi comme une suite logique aux grades symboliques, se donne comme but la recherche de la Parole Perdue après la mort du Maître... Ce sont les divers grades de Rose-Croix...

Une dernière catégorie enfin, associée souvent aux précédentes, est celle des grades chevaleresques, avec les titres de Chevaliers, de Commandeurs, de Princes, d'Empereurs. Elle confère à l'Ordre maçonnique noblesse et ancienneté. En le rattachant à l'époque des Croisades, elle lui donne aussi un sens d'action spirituelle voire mystique. Ce sens s'éclaire et pro-

voquera bien des controverses par l'intégration de la légende templière, en particulier dans le grade de Grand Élu Chevalier Kadosch...» [49]

Cette catégorisation est naturellement faite a posteriori : le XVIIIe siècle a plutôt vu une floraison baroque et anarchique. C'est ce caractère même qui a conduit, à partir de la fin du siècle, à un effort d'organisation, voire de rationalisation, de tous les systèmes en présence. C'est de cet effort que naissent les grands rites contemporains.

– Le Rite Écossais Ancien et Accepté

Le *Rite Écossais Ancien et Accepté* est un pur système de Hauts Grades d'origine française, contrairement à ce que son nom peut laisser croire, dont la synthèse a été faite aux États-Unis en 1801. C'est le plus directement issu de la floraison du XVIIIe siècle. Vers les années 1760, un premier système en 14 degrés, appelé *Rite de Perfection*, est pratiqué en France, dont le couronnement est le *Chevalier Kadosch*. En 1761, le négociant de Cahors Étienne Morin aurait reçu l'autorisation d'établir ce système à Saint-Domingue où il comptait s'établir. Vers 1765, ce dernier l'aurait transmis au négociant anglais d'origine hollandaise, Henry Francken, établi à la Jamaïque. Celui-ci l'aurait alors transformé en un système en 25 grades et, séjournant périodiquement dans les colonies anglaises d'Amérique du Nord, devenues bientôt États-Unis d'Amérique, il l'y aurait transporté. C'est là, dans la ville de Charleston, en Caroline du Sud, qu'est créé le 31 mai 1801, par les Américains John Mitchell et Frédérick Dalcho, un *Suprême Conseil du 33e degré* qui manifeste l'existence d'un Rite en 33 grades supérieurs. Ce nouveau Rite, qui reçoit sa dénomination de *Rite Écossais Ancien et Accepté* en France, est parfaitement organisé en plusieurs séries : une *Loge de Perfection* pour les grades du 4e au 14e, un *Chapitre* pour les grades du 15e au 18e, un *Aréopage* pour les grades du 19e au 30e, un *Tribunal* pour le 31e, un *Consistoire* pour le 32e et un *Suprême Conseil*, gardien du Rite, pour le 33e. Du moins, c'est la segmentation en usage en France aujourd'hui car, rien n'étant simple en Franc-Maçonnerie, les choses ont varié dans le temps et l'espace.

Le comte Alexandre de Grasse-Tilly reçoit communication du Rite aux États-Unis et, à son retour en France en 1804, il fonde un Suprême Conseil à Paris qui devient vite un rival du GODF par sa prétention à disposer de loges bleues. Napoléon, n'aimant rien tant que l'uniformité et ne voulant pas voir des troubles générés par des rivalités maçonniques, impose que Cambacérès, Grand-Maître adjoint du GODF, devienne aussi Grand Commandeur du *Suprême Conseil de France*. Ce dernier reprend son indépendance sous la Restauration. D'un recrutement nettement plus aristocratique que le GODF au cours du XIXe siècle, il impose, après 1877, le maintien de la référence au GADLU pour les loges bleues qu'il contrôle. Les loges bleues ayant souhaité une plus grande autonomie, le mouvement aboutit en 1895 à la création de la *Grande Loge de France* qui conserve des liens privilégiés avec le Suprême Conseil de France et ne pratique que le REAA. Cette séparation des genres entre Grande Loge et Suprême Conseil est assez couramment pratiquée en Europe.

Le REAA est aujourd'hui le Rite de Hauts Grades le plus pratiqué au monde. Le Suprême Conseil de Charleston, qui conserve une prééminence due à l'antériorité, reconnaît une cinquantaine de Suprêmes Conseils dans le monde, périodiquement réunis par des conférences internationales, auxquels il faut ajouter plusieurs dizaines de Suprêmes Conseils non reconnus.

– Le Rite Français

Le Rite Français porte ce nom à la suite de sa mise en forme en 1786 sous l'égide du GODF pour les grades bleus et du *Grand Chapitre Général* pour les Hauts Grades. Pour les trois grades symboliques, il représente en réalité l'adaptation française et la fixation d'un rite très proche de celui de la Grande Loge anglaise des Modernes. Il est à noter qu'en Belgique, où ce rite est pratiqué, il a conservé l'appellation de *Rite Moderne.* Ce Rite devait être adopté par l'ensemble des loges constituées par le GODF afin d'uniformiser les pratiques.

Tableau de Loge d'*Élu*, 1er Ordre du Rite Français. Tuileur de Vuillaume, 1830.

Ce Rite, pas plus que les autres, ne pouvait faire l'économie d'une réflexion sur les Hauts Grades et l'attirance qu'ils exerçaient sur les Maçons français. En 1784, est formé un *Grand Chapitre Général* qui se donne la tâche de rationaliser et d'uniformiser les Hauts Grades en usage en France. Il réussit, en 1786, à proposer une œuvre originale. D'une part, il réalise un classement des Hauts Grades pratiqués en 4 classes de grades appelés *Ordres*, d'autre part, pour répondre à la commande d'harmonisation, il propose une rédaction synthétique d'un grade par Ordre. On obtient ainsi un *1er Ordre* avec un rituel commun d'*Élu*, un *2e Ordre* avec un rituel commun d'*Écossais*, un *3e Ordre* avec un rituel commun de *Chevalier d'Orient* et un *4e Ordre* avec un rituel commun de *Souverain Prince Rose+Croix.*

Adopté par le GODF, ce Rite Français a suivi les vicissitudes de cette obédience au cours du XIXe siècle, tout en subissant la concurrence du REAA dont l'échelle en 33 Hauts Grades pouvait paraître plus séduisante. D'abord diffusés par des cahiers manuscrits, les rituels et tuileurs sont imprimés en 1801dans le *Régulateur du Maçon*[50]. Jusqu'en 1877, il n'y a pas de modifications majeures à la rédaction des cahiers des grades bleus. Après cette date, ils subissent une épuration progressive des éléments à connotation religieuse ou, plus généralement, de tous les éléments symboliques que des

Maçons rationalistes et positivistes ne comprennent plus. Entre-temps, les 4 Ordres sont de moins en moins pratiqués ou plus ou moins absorbés par le REAA.

Dans les années 1950, ce Rite n'est plus que l'ombre de lui-même et ne peut plus rivaliser avec les autres pour l'enseignement symbolique. À partir de cette période, un double mouvement s'engage, soit au sein du GODF lui-même, soit en dehors, animé par des Maçons ayant à la fois la fibre traditionnelle et la fibre archéologique. Les grades bleus vont être réécrits en s'inspirant à la fois de la mise en forme de 1786 et des usages antérieurs et donner naissance à plusieurs versions que l'on connaît sous les noms de *Rite Français Ancien*, *Rite Français Moderne Rétabli* ou *Rite Français Traditionnel.* Les loges pratiquant ce rite revivifié sont encore peu nombreuses, mais leur nombre en croissance régulière, tant au GODF que dans d'autres structures, témoigne du renouveau de la préoccupation symbolique dans la Franc-Maçonnerie française.

Tableau de Loge d'*Écossais,* 2ème Ordre du Rite Français. Tuileur de Vuillaume, 1830.

Par ailleurs, les 4 Ordres retrouvent une pratique conforme à leur source en s'émancipant du REAA et, désormais, plusieurs Chapitres Généraux fonctionnent.

– Le Régime Écossais Rectifié

Le RER, que nous avons déjà rencontré, est aussi un rescapé à sa manière. Il est assez différent des autres Rites dans son esprit et son mode de fonctionnement. Alors que les autres établissent une césure entre l'administration des grades bleus et les Hauts Grades, lui établit une continuité totale qui fonctionne de manière pyramidale du sommet vers la base : c'est cette continuité qui lui vaut l'appellation de *Régime.* Alors que les autres Rites reconnaissent trois grades symboliques, lui reconnaît un quatrième grade symbolique, le grade de *Maître Écossais de Saint André.* Ce dernier n'est pas considéré comme un haut grade, mais comme une charnière qui assume la transition entre une Maçonnerie Bleue tournée vers l'Ancien Testament et un *Ordre Intérieur* tourné vers le Nouveau Testament. Alors que les autres rites sont maçonniques de À à Z, lui effectue, à un moment donné, une rupture, et ses Hauts Grades sont en fait un véritable ordre de chevalerie d'inspiration templière, l'*Ordre des Chevaliers Bienfaisants de la Cité Sainte*, suivi d'une classe sacerdotale secrète, celle des *Profès* et *Grands Profès*. Sa tonalité générale est profondément mystique et christique, avec un zeste de Kabbale chrétienne et de théurgie martinéziste[51]. Il n'est pas possible d'entrer dans la Maçonnerie du RER si l'on n'est pas baptisé dans une confession chrétienne.

Le XIXe siècle en France ne fut pas porteur pour ce Rite: Rite maçonnique chrétien dans un temps où l'Église diabolise la Maçonnerie et où celle-ci verse, pour une large part, dans l'hostilité à la religion, son avenir ne paraissait pas assuré, d'autant plus que son mode de fonctionnement vertical est beaucoup plus aristocratique que démocratique. Après la disparition de Jean-Baptiste Willermoz, en 1824, le Rite entre en déliquescence pour ne plus subsister qu'à titre de trace au sein de la Grande Loge Suisse Alpina, dans la seconde moitié du siècle.

D'une certaine manière, c'est l'orientation antireligieuse et antisymbolique du GODF de la fin du XIXe siècle qui va assurer la résurrection du Régime. En 1910, trois membres du GODF, Édouard de Ribaucourt et les docteurs Camille Savoire et Bastard se firent recevoir *Chevaliers Bienfaisants de la Cité Sainte* (CBCS) à Genève, auprès du Grand Prieuré Rectifié d'Helvétie accueilli au sein de la Grande Loge Alpina. À Paris, en vertu de la patente reçue en Suisse, ils fondent au RER une loge, le *Centre des Amis*. Les relations s'étant gâtées avec le GODF, qui ne regarde pas l'initiative d'un œil favorable, les rituels fleurant trop le christianisme, Édouard de Ribaucourt fait cavalier seul et quitte le GODF avec sa loge. Cet événement est à la fois le point de départ de la reconstitution en France d'une obédience reconnue par la Grande Loge Unie d'Angleterre et de la réactivation autonome du Régime Rectifié. Mais, dans l'immédiat, c'est au sein du *Grand Collège des Rites* du GODF, qui gère les Hauts Grades pour cette obédience, que les Suisses vont continuer d'armer des CBCS. Le GODF laïc et anticlérical, qui se souvient de l'accord de 1776 conclu avec les Directoires Rectifiés de l'époque, crée un Grand Directoire pour le Régime Écossais Rectifié en 1924. Une rupture au sein du Grand Collège des Rites entre les Maçons Rectifiés, groupés autour de Camille Savoire, qui estimaient la politisation préjudiciable à l'Ordre maçonnique, et ceux qui voyaient dans le RER un archaïsme dépassé, conduit à la mise en place d'un Grand Prieuré des Gaules en 1935, avec à sa tête ce même Savoire. Ce Prieuré, dans des circonstances difficiles (la Seconde Guerre mondiale n'est pas loin), maintient une présence Rectifiée indépendante jusqu'à son alliance avec La Grande Loge Nationale Française en 1958. Le RER va dès lors se développer au sein de cette obédience. Malgré des divisions causées par les multiples scissions des obédiences et des Grands Prieurés, le RER est en plein essor depuis les années 1960, au point que, même le Grand Collège des Rites a favorisé la renaissance du Régime au sein du GODF en donnant naissance à un Grand Prieuré Indépendant de France.

Le caractère spiritualiste chrétien de ce Régime et son refus de l'engagement politique ne sont pas pour rien dans cette renaissance, laquelle s'accompagne aussi d'un regain d'intérêt pour l'œuvre de Willermoz, voire, au-delà, pour la Stricte Observance Templière des origines.

– Les Rites Égyptiens

L'Égypte ancienne a fasciné avant d'être connue. Au XVIIIᵉ siècle, les hommes cultivés connaissaient leurs classiques et, chez les Grecs surtout, ils pouvaient puiser des références fascinantes. Les hermétistes ont été longtemps persuadés que la plus ancienne révélation sacrée était celle de Thot-Hermès, mûrie à l'ombre des Pyramides. Notons le succès littéraire du roman philosophique de l'abbé Jean Terrasson, *Séthos,* publié en 1731, et qui met en scène l'initiation d'un philosophe dans le cadre de l'ancienne Égypte. Pensons à Antoine Court de Gébelin (1719-1784), Franc-Maçon et auteur d'un monumental *Monde Primitif analysé et comparé avec le monde moderne,* où il voit aussi en l'Égypte la mère de la civilisation et du sacré. Aussi, lorsque Joseph Balsamo, alias comte de Cagliostro, se décide, dans les années 1780, à fonder un Rite Maçonnique sous le signe de la magie, c'est naturellement la référence égyptienne qu'il choisit pour sa Haute Maçonnerie Égyptienne, qui n'eut point grande postérité. Puis vint Bonaparte, traînant des savants dans son expédition d'Égypte, que l'on considère comme le coup d'envoi des études égyptiennes. Les hiéroglyphes ne commenceront à être déchiffrés qu'avec les premiers travaux de Champollion, à partir de 1821. On peut considérer que les textes sacrés égyptiens ne deviennent progressivement accessibles qu'à partir de cette date. Mais, c'est avant que le premier Rite Égyptien est fondé[52].

Tout semble se nouer en Italie du Sud au XVIIIᵉ siècle, plus exactement dans le royaume de Naples. Les divers courants maçonniques y sont actifs dans des rapports ambigus avec le pouvoir qui tantôt les proscrit, tantôt les protège. La Maçonnerie paraît y avoir développé quelques loges de recrutement aristocratique, férues d'occultisme et d'alchimie. Le royaume de Naples est situé à un véritable carrefour de routes maritimes entre l'Europe occidentale, les Balkans et le Moyen-Orient: tout y est propice au brassage des influences. C'est de cette Italie du Sud que des Français napoléoniens, civils et militaires, vont ramener le *Rite de Misraïm* (Misraïm signifie Égypte en hébreu), dans les années 1810-1812. Il arrive par deux voies distinctes: d'abord, par l'intermédiaire des frères Marc, Michel et Joseph Bédarride, officiers subalternes de l'armée impériale, qui auraient reçu patente officielle, ensuite par François Joly, négociant, et Armand Gaborria, inspecteur des loteries impériales à Rome, détenant, eux aussi, patente officielle. Si les frères Bédarride disposaient de la plupart des rituels, Joly et Gaborria étaient seuls à disposer des plus Hauts Grades du Misraïm, les mystérieux *Arcana Arcanorum,* ce qui sera source de nombreux conflits de légitimité. Ainsi, les frères Bédarride mettent en place un système à 90 grades répartis en 4 séries: une série dite *symbolique* qui comprend les 3 grades bleus plus 33 Hauts Grades écossais; une série dite *philosophique* avec 33 autres Hauts Grades de facture écossaise; une série dite *mystique* avec 10 grades de facture hébraïque et, enfin, une série dite *kabbalistique* à 13 grades. Les quatre derniers grades sont les grades administratifs du rite dans ce système. Dans ce genre de système, seuls quelques grades sont effectivement pratiqués, les autres sont conférés par « fournées ». Joly et Gaborria disposent du même système, mais leurs quatre derniers grades, les 87ᵉ, 88ᵉ, 89ᵉ et 90ᵉ, sont constitués par les mystérieux *Arcana Arcanorum,* dont le nom n'est connu que de leurs titulaires. C'est cette dernière mouture du Rite qui est appelée *Rite de Misraïm — Régime de Naples.*

En 1838, un dissident du Rite de Misraïm, Jacques Étienne Marconis de Nègre, fonde le *Rite de Memphis* sur la base de 92 grades. Une petite guerre oppose alors les deux Rites, chacun prétendant à l'authenticité, jusqu'à ce qu'une fusion ait lieu en 1881, Garibaldi étant devenu Grand Hiérophante mondial du Rite, pour donner le *Rite de Memphis-Misraïm*, rite en 99 grades (!) qui inclut les 33 grades du REAA mais sans les *Arcana Arcanorum*. Ce Rite, comme il est habituel en Maçonnerie, connaît quelques scissions au XXe siècle et, les évolutions n'étant jamais définitives, en 1945 se crée en Italie un *Grand Sanctuaire Adriatique* qui réactive le *Rite de Misraïm-Régime de Naples*[53].

Les loges des Rites Égyptiens n'ont jamais été très nombreuses, mais leur marginalité même leur a permis un rôle particulier, aussi bien politique qu'ésotérique. Au début du XIXe siècle, les Maçons du Misraïm se recrutent beaucoup chez les bonapartistes ou les républicains radicaux proches de la Charbonnerie; vers la fin du XXe siècle, on les classerait plutôt à droite si ce vocabulaire politique conservait un sens. Mais, toujours, la Maçonnerie Égyptienne s'est montrée passionnée par l'ésotérisme et les sciences occultes. Lorsque l'on étudie de près les courants ésotériques et occultistes des XIXe et XXe siècles et que l'on y recherche trace de Francs-Maçons, ceux que l'on découvre sont la plupart du temps des Maçons de Rites Égyptiens. Songeons, à titre d'exemple, au personnage de Theodor Reuss, Grand-Maître de Memphis-Misraïm pour l'Allemagne dans la filiation de l'ésotériste John Yarker, présent au Congrès spiritualiste de 1908 qui avait tenté sans succès de fédérer les divers courants occultistes. Ce Reuss, personnage peu connu aujourd'hui, est en relation avec toutes les organisations et personnages clefs de l'ésotérisme et de l'occultisme entre la fin du XIXe et le début du XXe siècle. De Madame H.P. Blavatsky et de la *Société Théosophique* à René Guénon, de l'*Hermetic Brotherhood of Luxor* à l'*Ordo Templum Orientis* dont il devient Grand-Maître, d'Aleister Crowley à Papus ou à Charles Détré, dit Teder, de la *Societas Rosicruciana in Anglia* à l'*Hermetic Brotherhood of the Golden Dawn*, rien de la «*contre-culture*» initiatique de cette époque globalement positiviste ne lui est étranger.

• Le Paysage Maçonnique Français au début du XXIe siècle

Il est très difficile d'évaluer le nombre de loges et de Francs-Maçons français, dans la mesure où tout repose sur des chiffres communiqués par les obédiences, lesquelles peuvent avoir intérêt, selon les moments, à minorer ou majorer leurs effectifs réels en fonction des guerres d'intoxication qu'elles se livrent au plan national ou international. Depuis une vingtaine d'années, circule le chiffre de 120 000 Francs-Maçons en France, mais il est invérifiable. Nous ne chercherons donc pas à quantifier le nombre de Francs-Maçons par obédience, nous contentant de leur affecter un coefficient d'importance[54].

Il est en revanche relativement plus aisé de dénombrer les obédiences. Relativement seulement, car nous sommes dans une période où la Franc-Maçonnerie française subit à la fois le contrecoup d'un mouvement général qui déstabilise les grandes organisations et celui des scandales politico-affairistes. Ce double mouvement touche en priorité les grandes obédiences et, par le biais de scissions ou de créations nouvelles, aboutit à la multiplication des structures. À tel point que, déclarées ou supposées, certains avancent le chiffre d'une cinquantaine d'obédiences en activité. Le mouvement d'éclatement est d'autant plus facile que les landmarks traditionnels permettent la création d'une Grande Loge à partir de trois loges régulièrement constituées, et nous savons déjà qu'en matière de régularité maçonnique, chacun voit midi à sa porte.

Les obédiences que nous allons évaluer dans leur ordre d'apparition historique, et en laissant de côté les structures de Hauts Grades, sont donc les plus «visibles», mais pas nécessairement les seules.

Commençons par les cinq «*grandes obédiences*», qui sont aussi celles qui souffrent le plus des troubles actuels.

– Le Grand Orient de France (GODF)

Née en 1773 dans des circonstances que nous avons déjà abordées, cette obédience est à la fois la plus ancienne et, sans doute, la plus importante par le nombre de ses membres et de ses loges. Profondément engagée depuis 1870 dans le combat républicain et anticlérical, elle a toujours privilégié la réflexion politique et sociale dans une optique de gauche non communiste, en suivant toutes les variations doctrinales et toutes les modifications de rapports de force au sein de cette famille politique. Ce trait explique qu'elle se trouve aujourd'hui en crise. En effet, le modèle républicain qu'elle défendait, issu en droite ligne de la IIIe République égalitaire, anticléricale et centralisatrice, se trouve rendu obsolète par la construction européenne, le renouveau des identités régionales, le retour du religieux et la mondialisation économique. Par ailleurs, longtemps à la remorque du parti socialiste dans les années 1970-1990, le GODF se trouve victime de l'aggiornamento libéral de ce dernier qui brouille les repères idéologiques. Il s'est trouvé, de plus, entraîné dans tous les scandales politico-affairistes du parti socialiste et a souvent vu transformer ses instances dirigeantes en champ clos d'affrontement entre les divers courants socialistes. En panne d'idées politiques, l'obédience a tenté de réactiver à plusieurs reprises l'affrontement anticlérical, notamment à propos de l'enseignement religieux et s'est spécialisée dans les dénonciations de l'extrême-droite et des sectes, au risque... de paraître sectaire à son tour. Le GODF possède cependant des atouts non négligeables pour surmonter sa crise. D'abord, sa richesse humaine, notamment dans les provinces, où la plupart de ses loges se tiennent à l'écart des dérives que stigmatisent désormais la justice et la presse, travaillant honorablement et sincèrement à renouveler des pratiques maçonniques dans un sens plus symbolique et convivial. Ensuite, le GODF dispose d'un réservoir intellectuel et culturel important qui cherche à se faire entendre pour recentrer l'obédience sur la voie de recherches plus maçonniques que profanes[55]. Il est cependant impossible de déterminer encore dans quel sens penchera la balance, tant reste forte chez certains la tentation d'éliminer la dimension initiatique et symbolique pour se transformer en cercle de réflexion profane.

Sur un plan maçonnique, le GODF reste une obédience strictement masculine, fidèle ici aux *Constitutions d'Anderso*n. Ce caractère masculin, cependant, fait débat au sein d'une obédience que l'on sait soucieuse de coller à une certaine gauche sociologique: comment justifier l'exclusive masculine quand l'on soutient, par ailleurs, l'égalité totale des hommes et des femmes et que l'on ne peut donc pas se référer au point de vue traditionnel sur la différence des qualifications initiatiques entre les sexes?

Le GODF pratique plusieurs Rites maçonniques. Vient toujours en tête le Rite Français dans sa version édulcorée, mais aussi dans ses versions remises en conformité traditionnelle; le REAA, longtemps rejeté pour cause de rivalité obédientielle au XIXe

siècle, est de plus en plus pratiqué; et l'on note aussi des loges travaillant au RER ou au Rite de Memphis-Misraïm. Précisons encore que l'obédience n'interdit pas le travail à « *la Gloire du Grand Architecte de l'Univers* », laissant de plus en plus librement ses loges se déterminer sur ce point.

– La Fédération Française du Droit Humain (DH)

La constitution de cette obédience en 1893 est liée au problème de l'initiation des femmes. Elle est fondée sous l'impulsion de Maria Deraisme, première femme reçue, et Georges Martin, venus de la Grande Loge Symbolique Écossaise. Elle est d'emblée une structure mixte, même si elle attire toujours tendanciellement plus de femmes que d'hommes. Le DH travaille au REAA, de manière autonome jusque dans les Hauts Grades. Et, s'il n'impose pas dans ses loges la référence au GADLU, il ne la décourage pas non plus. La création du DH en fait naturellement une « *horreur maçonnique* » aux yeux de la Franc-Maçonnerie anglo-saxonne qui ne le reconnaît pas, ce qui n'empêche pas cette Maçonnerie mixte de se développer d'abord plus fortement dans les pays anglo-saxons qu'en France, car elle y répond à une véritable demande. D'où, très vite, la création d'un *Ordre Mixte et International du Droit Humain*, qui confère au DH une vitrine internationale enviée par les autres Maçonneries hexagonales « irrégulières ». Aujourd'hui, la Fédération Française regroupe environ le tiers des membres de l'ordre international et représente la quatrième obédience française par le nombre de Maçons.

Plutôt à gauche par ses options sociales, le DH est moins visible sur la scène publique que le GODF; il est donc aussi moins épinglé.

– La Grande Loge de France (GLF)

On parle aussi de *seconde Grande Loge de France* pour distinguer cette obédience, née en 1894, de la Grande Loge de France du XVIIIe siècle. Cette GLF est, en effet, directement issue de l'introduction en France du REAA en 1804. Pendant longtemps, le Suprême Conseil de France a géré directement les loges bleues du Rite. En 1880, une partie des loges bleues fait scission pour créer une *Grande Loge Symbolique Écossaise,* qui n'arrive pas véritablement à percer. Puis, en 1894, un double mouvement réunifie les loges bleues du REAA, tout en les émancipant du Suprême Conseil pour former une nouvelle obédience qui prend le nom de Grande Loge de France.

Cette GLF, qui pratique exclusivement le REAA, maintient strictement le respect des landmarks fondamentaux. Elle a conservé la référence au GADLU, tout en l'émancipant d'une équivalence avec un Dieu révélé, pour en faire un symbole ouvert à de multiples interprétations. Fermement masculine, elle n'est pas à l'abri d'accusations de sexisme. Enfin, tout en cultivant un républicanisme modéré, elle s'interdit les engagements sociaux et politiques trop voyants et privilégie le travail philosophique ou symbolique.

La GLF, seconde des obédiences françaises par le nombre, a tenté, dans la première moitié du XXe siècle, de renouer avec la GLUA sur la base des landmarks qu'elle respectait, mais, refusant de rompre tout lien de visite avec les obédiences « irrégulières », elle n'a pas obtenu sa reconnaissance.

– La Grande Loge Nationale Française (GLNF)

Troisième obédience par le nombre, c'est aussi la seule à être reconnue par la GLUA. Son histoire recoupe en partie celle de la réactivation du RER en France. C'est, en effet, à la suite de l'impossibilité de faire admettre par le Conseil de l'Ordre du GODF l'invocation du GADLU pour sa nouvelle loge, *Le Centre des Amis*, qu'Édouard de Ribaucourt a rompu avec cette obédience en 1913. Avec une autre loge, il fonde la *Grande Loge Indépendante et Régulière pour la France et ses Colonies* que la GLUA reconnaît avec enthousiasme, car elle permet à la Maçonnerie « régulière » de reprendre pied en France après 36 ans de rupture. Cependant, cette nouvelle obédience a du mal à s'affirmer en France, il lui faut le renfort de Maçons britanniques durant la Première Guerre mondiale pour assurer sa pérennité. Ceci explique que le *Rite Émulation*, d'origine anglaise, soit encore le plus pratiqué à la GLNF. Après la Seconde Guerre mondiale, elle devient, en 1948, *Grande Loge Nationale Française*, mais profite encore de la présence de l'OTAN et des nombreux militaires et civils anglo-américains maçons pour croître. Cette longue dépendance à l'égard des Maçons anglo-saxons vaut à ses membres, de la part des autres Maçons, le surnom péjoratif d'« *Anglais* ». Le décollage véritable se fait dans les années 1950-1960 par le renfort d'un grand nombre de loges RER dans la mouvance du Grand Prieuré des Gaules fondé par Camille Savoire, puis de loges de Rite REAA en provenance de la GLF et désireuses de se rattacher à une obédience « régulière ». De fait, la GLNF est devenue « *multirites* ».

Elle affirme haut et fort son appartenance au camp « régulier », avec une grande prétention à l'authenticité maçonnique. Ainsi, elle s'en tient aux landmarks définis par la GLUA en imposant la croyance en un Dieu révélé, au-delà de la simple référence au GADLU, refuse l'initiation féminine et interdit à ses membres, sous peine d'exclusion, tout contact avec les Maçons des autres obédiences françaises.

Ayant joué un grand rôle dans l'acculturation maçonnique des élites des anciennes colonies françaises, notamment en Afrique noire, elle y jouit toujours d'une forte influence. Refusant, dans ses loges, tout autre débat que maçonnique, elle a été longtemps cataloguée plutôt à droite.

Mais, bien que refusant des travaux de type profane en loge, la GLNF n'en est pas moins rattrapée aujourd'hui par le siècle. En effet, un recrutement délibérément axé sur des classes aisées, capables d'acquitter un niveau de cotisation élevé, l'a exposée à être utilisée comme réseau d'affaires. À tel point qu'elle fournit aujourd'hui le plus gros contingent des Maçons mis en examen par la justice pour des affaires de corruption, ce qui n'est pas sans déclencher de sérieux malaises internes.

– La Grande Loge Féminine de France (GLFF)

Comme son nom l'indique, cette obédience est intégralement féminine. Sa préhistoire est assez curieuse, puisqu'elle est issue de la GLF, obédience rigoureusement masculine.

Au début du XXe siècle, en effet, devant la demande féminine d'entrer en Maçonnerie, la GLF a l'idée de relancer la pratique des *loges d'adoption*, à la manière du XVIIIe siècle, avec un « *rituel des dames* ». Une dizaines de loges vont travailler ainsi jusque dans les années trente. Mais, dans cette période, la GLF caresse le projet de se faire reconnaître comme Grande Loge « régulière » par la GLUA : ses loges d'adoption risquent alors de la faire refuser. Elle décide de s'en séparer, tout en les aidant à fonctionner de manière autonome.

L'*Union Maçonnique Féminine de France* est officiellement constituée en septembre 1945 par les survivantes des loges d'adoption d'avant-guerre. En 1952, elle prend le nom de *Grande Loge Féminine de France*. Elle connaît des débuts assez difficiles et abandonne le «*rituel des dames*» en 1959 pour le REAA. En 1973, une patente accordée par le GODF lui permet également de pratiquer le Rite Français.

La GLFF prend vraiment son essor dans les années 1960, au point de figurer au dernier rang, mais parmi les 5 «grandes».

N'initiant que des femmes, recevant parfois des hommes, la GLFF impressionne souvent par la rigueur de sa pratique des rituels. Elle mène une existence discrète, avec des préoccupations sociales sans tapage excessif, et beaucoup de travaux symboliques.

Le *paysage maçonnique français* est resté relativement stable jusqu'au début des années 1960, puis les choses ont bougé, lentement d'abord, puis à un rythme plus accéléré à partir des années 1980. Nous nous en tiendrons aux principales structures émergeantes, en respectant l'ordre d'apparition.

– La Grande Loge Traditionnelle et Symbolique-Opéra (GLTS-O)

Sous le nom de *Grande Loge Nationale Française-Opéra*, elle est née en 1958 d'une scission de la GLNF. Elle a pris le nom de *Grande Loge Traditionnelle et Symbolique-Opéra* en 1982. La scission était motivée essentiellement par la volonté de rompre avec les interdictions de contact avec les autres Maçonneries françaises. Cependant, comme les scissionnistes voulaient continuer à travailler dans l'esprit rigoureusement traditionnel initié par la GLNF, ils ont préféré créer leur propre obédience plutôt que de rejoindre celles existantes. Elle travaille surtout au Régime Écossais Rectifié, mais possède aussi des loges qui travaillent au Rite Français Moderne Rétabli.

– Le Rite Ancien et Primitif de Memphis-Misraïm (dit M & M)

En 1963, l'ésotériste Robert Ambelain a pris en main l'un des groupes maçonniques pratiquant le Rite de Memphis-Misraïm et, sans parvenir à fédérer les multiples groupes *égyptiens*, est tout de même arrivé à donner à son obédience une stature respectable, par des liens avec les autres obédiences françaises, en lui donnant aussi une couverture internationale, puisqu'il possède des loges jusqu'en Amérique latine.

Obédience mixte, d'un faible poids numérique, elle attire et fascine par un enseignement rigoureusement ésotérique. Comme d'autres groupes de ce genre, M & M traverse de multiples crises, souvent à l'occasion de conflits de doctrines. Parallèlement, un certain nombre de micro-obédiences pratiquent diverses formes du Rite de M & M, du Rite de Memphis ou du Rite de Misraïm, mais avec des préoccupations semblables.

– La Loge Nationale Française (LNF)

La LNF est née en 1968 d'une scission d'avec la GLNF-Opéra, trois loges l'ayant quittée dans un souci de pratiquer une Maçonnerie encore plus authentique. Son principal animateur, René Guilly, décédé en 1992, plus connu sous son nom de plume, René Désaguliers, est certainement l'un des Maçons français contemporains dont l'influence, à terme, est la plus forte. Il a fait de la LNF une fédération de loges animées par un rigoureux esprit de recherche scientifique et traditionnel, matérialisé par des travaux historiques et symboliques de haute tenue, dont l'influence va bien au-delà de ses murs. Ainsi, René Désaguliers crée, en 1970, la revue *Renaissance Traditionnelle* que Roger Dachez poursuit toujours aujourd'hui. Cette revue est devenue, au fil des années et de plus de 120 numéros, l'une des meilleures revues d'étude historique et symbolique sur la Franc-Maçonnerie.

La LNF fonctionne aussi comme un laboratoire de pratique maçonnique axé principalement sur le RER, le Rite Anglais Ancien et le Rite Français Traditionnel dont René Guilly est le principal rédacteur des nouvelles moutures. Elle est aussi rigoureusement masculine.

– La Grande Loge Mixte Universelle (GLMU) et la Grande Loge Mixte de France (GLMF)

La GLMU est née d'une scission du DH, survenue en 1973. En 1982, c'est au tour de la GLMU de donner naissance par scission à la GLMF. Ces deux obédiences, dans la filiation du DH, pratiquent majoritairement le REAA et sont fondées sur la mixité.

– L'Ordre Initiatique et Traditionnel de l'Art Royal (OITAR)

Fondée en 1974, cette obédience mérite d'être citée parce qu'elle se fonde sur l'un des rares Rites Maçonniques nouveaux du XXe siècle, le *Rite Opératif de Salomon,* créé par des Maçons qui souhaitaient renouer avec l'esprit et les pratiques des Maçons opératifs médiévaux. C'est donc un rite maçonnique axé sur l'Art du Trait et de la Géométrie et qui cultive des coutumes compagnonniques.

– La Grande Loge Indépendante et Souveraine des Rites Unis Humanitas (GLISRU-Humanitas)

La GLISRU-Humanitas est née en 1976 d'une séparation des trois loges ayant fondé la LNF en 1968. Tout en conservant la volonté de respecter la tradition maçonnique dans un sens rigoureux, René Jacques Martin, ancien compagnon de route de René Guilly, décide de fonder une obédience mixte et d'orientation moins intellectuelle.

À partir des années 1980, les grandes obédiences entrent progressivement en crise, touchées, d'une part, par un mouvement social général qui remet en cause la discipline interne aux organisations: le nouvel individualisme accepte de moins en moins les consignes qui émanent du sommet des appareils. On est davantage prompt à faire scission au moindre désaccord. D'autre part, les affaires politico-financières ont des répercussions directes sur les «Grandes Obédiences» qui avaient déjà, et depuis fort longtemps, été pénétrées par des réseaux politiques, lesquels, depuis les débuts de la Ve République, ont fonctionné progressivement en synergie avec des réseaux affairistes. Les scandales qui commencent à éclater dans la décennie 1980-1990 entraînent des départs successifs, qui aboutissent à la fondation de nouvelles structures qui se veulent plus «*propres*». Il est difficile d'en faire le compte dans la mesure où elles cultivent volontiers la discrétion par contraste avec la médiatisation des grandes obédiences. De plus, il est beaucoup trop tôt pour savoir lesquelles se révéleront viables à long terme.

Chapitre II
Le retour de l'ésotérisme

• Franc-Maçonnerie, ésotérisme & Tradition

Le XXe siècle a vu un important retour de la préoccupation ésotérique en Franc-Maçonnerie. Ce retour s'est fait principalement sous le signe de la « *Tradition* », mais avec des significations différentes cachées sous un même mot.

Tradition: repéré en français en 1291 : du latin « *traditio* » : « *action de transmettre, de livrer* », lui-même prolongement du verbe *tradere* (« livrer », « transmettre ») qui a aussi donné « *trahir* » en français. Intéressante remarque étymologique qui signale la parenté de « *tradition* » et « *trahison* » : toute « *tradition* » n'est-elle pas en même temps trahison de quelque chose et une « *trahison* » ne peut-elle fonder une tradition ? Question pertinente lorsque l'on examine les différentes prétentions maçonniques à la « régularité » entre les « Anciens » et les « Modernes », les « Anglais » et les « Écossais », les « A-Dogmatiques » et les « Déistes ».

Le mot « *tradition* », d'après le dictionnaire, possède trois sens principaux :

1- Procédé qui consiste à transmettre à une personne la possession d'un objet, en le lui remettant de la main à la main.

2- Transmission de doctrines religieuses ou morales, de légendes, de coutumes, par la parole ou par l'exemple.

3- Manière d'agir ou de penser transmise de génération à génération.

Le premier sens ne semble pas nous concerner, encore qu'il convienne de rester attentif à la manière quasi physique dont l'initiation maçonnique est transmise.

Le deuxième sens met l'accent sur une dimension plus spirituelle ou culturelle de la tradition en indiquant qu'elle peut être à base de doctrines, donc d'un corpus d'idées, de légendes, d'un ensemble d'enseignements mythologiques, de coutumes, de manières d'être et de se comporter. Il faut alors s'assurer qu'il existe bien un corpus de doctrines spécifiquement maçonniques, un enseignement mythologique maçonnique et un bloc particulier de manières d'être et de comportements, le tout fondant une tradition.

Le troisième sens est cousin du second et met l'accent sur la transmission proprement dite et, là aussi, nous sommes invités à interroger la pratique maçonnique.

En réalité, la définition ne nous dit rien quant au contenu de ce qui est transmis. Le mot « *tradition* » est donc, dans le sens commun, un contenant, un « *mot-valise* », rien de plus. Pour savoir ce qu'il contient, il faut en passer par une analyse de ce que véhicule la Franc-Maçonnerie. Là, les choses se compliquent puisque, au vu de la diversité maçonnique, la question se pose de savoir si l'on peut légitimement parler de <u>la</u> Franc-Maçonnerie au singulier, et donc d'une supposée tradition maçonnique unique.

D'après Antoine Faivre, la « *tradition* » renvoie d'abord au second sens de notre définition. Mais il possède aussi une signification spécifique à l'ésotérisme. Antoine Faivre insiste sur le fait que beaucoup de courants ésotériques «*mettent l'accent sur la nécessité de s'enraciner dans une tradition particulière... en partant du principe que celle-ci permet ensuite de comprendre les autres traditions*»[56]. Au-delà, il discerne, à la suite de Frances A. Yates[57], dans les courants ésotériques de la Renaissance italienne le début d'une tendance consistant à chercher le dénominateur commun à un certain nombre de religions et de philosophies issues de l'antiquité gréco-latine, comme du judaïsme et du christianisme: «*Il s'agissait de trouver une sorte de dénominateur commun, qu'on appela* philosophia perennis, *ou philosophie éternelle, représentée symboliquement par une liste de personnages dont chacun était comme le maillon d'une chaîne: Zoroastre, Orphée, Moïse, Hermès Trismégiste, Pythagore, Platon, les Sibylles...*» Naturellement, dans la pensée de la Renaissance, cette mise en concordance ne s'étendait pas aux domaines extra-occidentaux, d'une part, parce que ceux-ci étaient largement méconnus, d'autre part, parce que cette *philosophia perennis* était le fait de chrétiens qui pensaient qu'une certaine philosophie grecque était porteuse de vérités compatibles avec le christianisme et que la Kabbale hébraïque comportait des éléments crypto-chrétiens qui pouvaient offrir des bases à la conversion des juifs, censée précéder immédiatement le retour du Christ. L'hermétisme alexandrin, notamment à travers le *Corpus Hermeticum* traduit par Marsile Ficin en 1471, jouissait d'une grande faveur, parce qu'on pensait qu'il avait une grande ancienneté, peut-être même était-il la religion chrétienne primordiale d'avant le Christ. Mais, en 1614, l'érudit anglais Isaac Casaubon devait démontrer que le *Corpus Hermeticum* ne datait que des IIe et IIIe siècles, et cela sonna le glas d'une certaine approche de la *philosophia perennis*. Ce n'est que dans la seconde moitié du XVIIIe siècle que la découverte des religions orientales stimula à nouveau le goût du comparatisme des traditions et que l'idée qu'il pourrait bien exister des principes et une vérité communs à toutes les religions fasse retour. Pensons, par exemple, à l'ouvrage déjà cité de Court de Gébelin, *Le Monde Primitif*, paru en plusieurs versions successives entre 1773 et 1784. Mais, c'est sous l'influence des travaux romantiques sur les mythes et les mythologies que le mot «*tradition*» commence à se répandre au début du XIXe siècle, à peu près au même moment que débute la diffusion du mot «*ésotérisme*». La question des rapports de la *philosophia perennis* avec la Franc-Maçonnerie se pose. La tradition de la Franc-Maçonnerie réside-t-elle dans l'ésotérisme? Certains Maçons répondent avec enthousiasme par l'affirmative, d'autres le nient tout aussi fermement.

• L'ésotérisme maçonnique français du XIXe siècle jusqu'à Oswald Wirth

Très minoritaire, la référence à une tradition ésotérique fondée sur la «*chaîne d'or des initiés*» se maintient. Elle est au cœur des Rites Égyptiens. L'écrivain maçonnique François Timoléon Bègue-Clavel (1798-1852), dans la seconde partie de son *Histoire pittoresque de la Franc-Maçonnerie* (1844), en fait la généalogie. Il en va de même de Jean-Marie Ragon de Bettignies (1781-1866) dans ses *Cours interprétatifs des Initiations anciennes et modernes* (1841).

Mais le véritable réintroducteur de l'ésotérisme dans la Maçonnerie française est Oswald Wirth[58] (1860-1943). Alsacien d'origine, né d'un père Franc-Maçon républicain et libre penseur et d'une mère catholique pratiquante, Wirth suit toute sa vie une orientation à la fois progressiste et spiritualiste. En janvier 1884, il devient Franc-Maçon dans une loge affiliée au GODF, *La Bienfaisance Châlonnaise* de Châlons-sur-Marne. Très jeune Maçon, il s'oppose à la suppression de la référence au GADLU et à l'épuration des rituels, lors des débats sur la mise en conformité des rituels avec la décision de 1877. En 1886, le jeune Oswald Wirth fait la rencontre de Stanislas de Guaita, qualifié par son ami Maurice Barrès de « rénovateur de l'occultisme ». Devenu son secrétaire en 1887, il entre en contact, par son intermédiaire, avec un courant ésotérico-occultiste qui s'est cristallisé au milieu du siècle autour d'Alphonse-Louis Constant, plus connu sous le nom d'Éliphas Lévi, avec les noms d'Hoëné Wronski, Saint-Yves d'Alveydre, Villiers de L'Isle-Adam et l'abbé Lacuria. Guaita lui-même, outre son amitié avec Maurice Barrès, compte parmi ses proches le romancier symboliste Paul Adam et le taoïste Albert de Pouvourville, Matgioi de son nom de plume. Wirth participe à la création par Guaita de l'éphémère *Ordre Kabbalistique de la Rose-Croix,* où il rencontre Gérard Encausse, plus connu sous le nom de Papus[59]. Cette fréquentation de l'occultisme français de la fin du siècle influence sa détermination à renouer avec une pratique plus symbolique de la Maçonnerie. Cette même année 1886, il fait la connaissance de Ferdinand Baudel, un Maçon communard de retour du bagne. Celui-ci, qui partage son intérêt pour le symbolisme, le fait entrer dans sa loge parisienne *Le Travail et Vrais Amis Fidèles,* qui appartient à la Grande Loge Symbolique Écossaise avant d'intégrer la GLF. Wirth subjugue ses frères, qui sont des commerçants et artisans modestes, et fait de cette loge, non sans conflits internes, le centre d'un effort de réforme initiatique de la Maçonnerie française. C'est de là que sortent les « manuels » maçonniques classiques que sont les *Livre de l'Apprenti* (1894), *Livre du Compagnon* (1912) et *Livre du Maître* (1922), sans cesse réédités et dont il est bien rare aujourd'hui qu'un Maçon ne les ait dans sa bibliothèque. Avant la Première Guerre mondiale, Wirth se sent bien seul lorsqu'il soutient que la seule raison d'être de la Franc-Maçonnerie réside dans sa fonction initiatrice. En 1911, il rencontre René Guénon : on aurait pu penser que les deux hommes pouvaient s'accorder sur ce constat et s'appuyer réciproquement. Il n'en est rien : Wirth reste un humaniste progressiste dans l'âme et n'admet pas toutes les options de Guénon. Ce dernier, tout en le respectant, lui fait grief de l'insuffisance de ses interprétations symboliques.

En octobre 1912, Wirth fonde une revue, *Le Symbolisme*, dont l'impact à long terme va se révéler important, tant par son contenu que par les collaborations qu'elle va s'attacher. Le plus éminent de ces collaborateurs, qui aide à relancer la revue en 1920, est le poète, romancier et historien maçonnique Albert Lantoine. Puis, en 1930, vient un jeune écrivain maçon, Marius Lepage, l'un des premiers à renouer un dialogue avec l'Église catholique et qui continuera *Le Symbolisme* en 1955, à la suite de Joannis Corneloup qui l'avait relancé en 1945. L'œuvre symbolique d'Oswald Wirth, qui lie constamment hermétisme, alchimie et Franc-Maçonnerie, n'a pas eu de véritable résultat de son vivant, mais à partir des années cinquante, lorsqu'une nouvelle génération de Maçons a cherché à renouer avec une dimension ésotérique, elle est devenue incontournable. Certes, beaucoup font aujourd'hui la fine bouche devant une œuvre qui a beaucoup vieilli, mais si l'ésotérisme a pu reconquérir une place en Maçonnerie, c'est bien au « pionnier » Wirth qu'il le doit.

• René Guénon et la naissance de la Franc-Maçonnerie Traditionnelle

L'ésotérisme est fondé sur la notion de «*tradition*», mais ce mot peut s'écrire aussi «*Tradition*» avec un T majuscule. On doit cette majuscule à la *Société Théosophique* fondée à New-York en 1875 par madame Helena Petrovna Blavatsky. Selon Antoine Faivre, elle désigne pour les Théosophes «*une* philosophia perennis *élargie aux dimensions de tout l'univers spirituel de l'humanité*».

Dans les années vingt de ce siècle, un Franc-Maçon, plus ou moins en rupture de loge, ayant déjà eu de nombreuses expériences dans des cercles occultistes très variés, prend la Société Théosophique, Mme Blavatsky et ses disciples, dans la ligne de mire d'une enquête aboutissant à une critique en règle et systématique d'une doctrine accusée de n'être qu'un syncrétisme dépourvu de toute rigueur. Curieusement, ce critique emprunte tout de même à la Société Théosophique l'idée de «*Tradition*», pour la retourner contre elle, en se l'appropriant. Cet homme s'appelait René Guénon.

René Guénon. Portrait imaginaire de Sébastien Mauxion.

À partir de sa polémique avec la Société Théosophique, il entreprend de donner une formulation conceptuelle rigoureuse à la «*Tradition*», avec un grand T, si rigoureuse qu'aujourd'hui encore, quand on pense «*Tradition*» dans le monde de l'ésotérisme, c'est le sens guénonien qui s'impose. Voici comment Antoine Faivre résume sa doctrine: René Guénon affirmait «*l'existence d'une Tradition primordiale dont tous les courants ésotériques occidentaux, y compris l'hermétisme alexandrin, mais aussi toutes les traditions religieuses en général, ne seraient que des formes dégradées et plus ou moins méconnaissables. De la Tradition primordiale subsisteraient en Occident quelques éléments épars, plus ou moins présents, de façon privilégiée dans l'Église catholique et dans la Franc-Maçonnerie. On remarque dans la pensée de Guénon, de même que chez la plupart de ses disciples et successeurs, un désintérêt pour la nature (le monde de la manifestation), la science, la modernité. À cet égard, le guénonisme est un phénomène nouveau dans l'histoire de l'ésotérisme occidental. Il l'est aussi par son côté dogmatique : pour lui, la Tradition ne correspond pas à une forme de pensée susceptible d'accueillir des doctrines très diverses, mais à un ensemble de postulats ayant valeur de dogme.»* [60]

Il faut suivre maintenant le chemin curieux qui a conduit le traditionalisme guénonien à s'enraciner en Franc-Maçonnerie.

René Guénon, avant la Première Guerre mondiale, a déjà derrière lui un lourd passé dans les milieux ésotéristes : il est entré dans l'Ordre Martiniste, est devenu évêque de l'Église gnostique de Jules Doisnel, a fondé un Ordre du Temple rénové, a fréquenté l'École Hermétique de Papus, a affirmé avoir reçu des révélations de maîtres hindous, a reçu la «*barakah*» soufie du peintre suédois Ivan Aguëli en 1912. On sait qu'il est reçu Maçon en 1907, ce qui lui vaut l'expulsion de l'Ordre Martiniste. En 1912, l'année même où il devient musulman et soufi, il entre à la Loge *Thébah* de la GLF. Il semble ne plus être actif en Franc-Maçonnerie à partir de 1916.

Suivons maintenant le témoignage des souvenirs de Jean Reyor[61] *(alias Marcel Clavelle [1905-1988]).* Celui-ci rencontre Guénon en 1928, après avoir eu connaissance de ses premiers livres dès 1925, et devient, dès cette année, un guénonien fervent. C'est aussi quelqu'un qui connaît bien le monde ésotérique maçonnique, paramaçonnique ou mystique de l'entre-deux-guerres. Après le départ de Guénon en Égypte, en mars 1930, pour un séjour qui se prolongea jusqu'à sa mort en 1951, Jean Reyor est son intermédiaire avec la revue *Études Traditionnelles.* C'est lui qui se tient au courant des diverses parutions qu'il signale au Maître pour que celui-ci puisse continuer d'Égypte son activité de critique des publications du domaine ésotérique. Dans ces années-là, Reyor n'est convaincu ni par l'engagement islamique de Guénon, ni par le maintien de son jugement favorable sur la Franc-Maçonnerie. Il est intéressant de comparer le ton que Jean Reyor adopte dans ses souvenirs et celui de ses articles officiels dans *Études Traditionnelles* ou *Le Symbolisme* des années 1950-1960, dans lesquels il adopte la position de «*gardien de la statue du Commandeur*».

L'attitude de René Guénon ne laissait pas d'être ambiguë à l'égard de la Franc-Maçonnerie : Maçon depuis 1907, il entre, en 1909, en relations amicales avec Abel Clarin de la Rive, directeur d'une revue ultra-catholique et antimaçonnique, *La France anti-maçonnique.* Usant de divers pseudonymes, il entame une collaboration avec ce périodique sous la forme de lettres ouvertes dans lesquelles il règle ses comptes avec ses adversaires occultistes. Mais, à partir de juillet 1913, il lui donne une collaboration régulière, sous le nom du «*Sphinx*». Comme le souligne Jean Reyor, la situation ne manquait pas de sel : «*Quand Guénon est en relations qu'on sent amicales avec M. de la Rive qui met sa revue à sa disposition, il est évêque gnostique et chef d'un Ordre du Temple, quand il commence à collaborer régulièrement, il est Maçon régulier et musulman. Qu'il fût musulman : M. de la Rive l'a sans doute ignoré ; qu'il fût Maçon, il l'a certainement su ; qu'il fit partie d'un Ordre du Temple et qu'il fût évêque gnostique, il l'a su également à n'en pouvoir douter. Alors, quand on pense que la F.A.M. était une revue — un journal plu-*

tôt — ultra-catholique, ayant pour but de combattre tous les occultismes et toutes les sociétés secrètes, lu dans les presbytères et dans les sacristies, on reste perplexe. » Et seule la guerre de 1914 a empêché que Guénon lui-même ne dirige la revue[62] !

Cela dit, René Guénon a toujours soutenu, dans ses ouvrages comme dans les articles parus sous son nom et regroupés dans les deux volumes des *Essais sur la Franc-Maçonnerie et le Compagnonnage*, qu'en Occident, les deux seules organisations initiatiques traditionnelles, au sens qu'il avait donné au mot « *Tradition* », restaient, malgré de nombreuses déviations, le Compagnonnage et la Franc-Maçonnerie. Il a donc manifesté une constance à l'égard de cette dernière. Durant l'entre-deux-guerres, Jean Reyor était resté assez dubitatif à l'égard de cet engouement maçonnique. N'oublions pas que l'on a toujours affaire en France à la Franc-Maçonnerie laïcarde, mangeuse de curé, scientiste et radical-socialiste. Jean Reyor voulait bien donner raison à René Guénon, mais il voyait mal où pouvait bien se situer la spiritualité et le sens de l'initiation dans la Franc-Maçonnerie qu'il avait sous les yeux. L'expérience de Jean Marquès-Rivière ne devait pas le faire changer d'avis. Ce dernier, jeune écrivain passionné par le bouddhisme tibétain, gravitait dans l'orbite de Guénon dans les années vingt et s'était laissé convaincre par les écrits du Maître sur le caractère traditionnel de la Franc-Maçonnerie. Entré dans l'Ordre, il ne devait pas y trouver les réponses qu'il recherchait. Une grave crise spirituelle l'avait conduit au début des années trente à se faire exorciser par le grand exorciste de l'archidiocèse de Paris et, de là, à se convertir et à brûler ce qu'il avait adoré. Sous l'Occupation, il devait collaborer aux *Documents maçonniques* de Bernard Faÿ et devenir le scénariste du fameux film *Forces Occultes*, avant d'être condamné à mort par contumace à la Libération et de disparaître on ne sait trop où. Cette mésaventure avait conduit Reyor à une certaine circonspection quant aux conséquences que l'entrée dans une Franc-Maçonnerie fortement subvertie pouvait avoir sur des traditionalistes fragiles.

Ce n'est qu'en 1946 que Jean Reyor va se lancer dans l'aventure de la loge *La Grande Triade* au Rite Écossais Ancien et Accepté au sein de la GLF. Il le fait sur les instances de Guénon lui-même, qui lui faisait valoir que, s'il s'était dérobé dans l'engagement islamique, il ne le pouvait pas ici, même s'il n'avait qu'un goût modéré pour la Maçonnerie. Cette loge avait été expressément conçue pour accueillir « *des individualités adhérant sans réserve à l'œuvre de Guénon et désireuses de travailler à la restitution d'une Maçonnerie intégralement traditionnelle* ». Il mena « *l'opération* » avec le concours de deux guénoniens, Roger Maridort (acquis aux idées de Guénon depuis 1928 et passé à l'Islam sous son influence) et Marcel Maugy (alias *Denys Roman*, très intéressé par la Maçonnerie depuis que Guénon en avait affirmé le caractère traditionnel, mais n'ayant pas encore sauté le pas). C'est Reyor qui fait entrer ces deux-là, en même temps que lui-même, à la GLF.

Denys Roman a donné quelques trop rares détails sur la genèse de cette loge[63]. Joannis Corneloup, qui fut proche d'Oswald Wirth, 33ᵉ du REAA et ancien Commandeur du *Grand Collège des Rites*, en a également narré l'histoire, du point de vue d'un visiteur extérieur, dans son livre de souvenirs : *Je ne sais qu'épeler*. La loge a, semble-t-il, été fondée à l'initiative d'un Maçon russe, guénonien fervent en relation directe avec le Maître, que Denys Roman ne désigne que par les initiales M… f… Ce frère, dès la fin de l'Occupation, avait entrepris de faire lire Guénon aux dirigeants de la GLF pour les sensibiliser à l'approche traditionnelle de la Maçonnerie. Il obtint que ces hautes instances lui accordent l'autorisation de fonder une nouvelle loge pour acculturer l'approche guénonienne au sein de la Maçonnerie. Cette autorisation était une faveur, car, au sortir de la guerre, la priorité était de repeupler des ateliers aux effectifs squelettiques et il avait été convenu qu'on ne fonderait pas d'atelier pendant plusieurs années. Ainsi que l'écrit Denys Roman, «*on convint bientôt de fonder une loge qui aurait pour but de recevoir des candidats ayant une certaine connaissance de l'œuvre de René Guénon*». La réunion préparatoire eut lieu au printemps 1947, chez le peintre Ivan Cerf, alors Grand Orateur qui devait devenir Vénérable de l'atelier. Parmi les sept fondateurs se trouvaient aussi le futur Grand-Maître Antonio Coën et plusieurs Grands Officiers, dont le Grand-Maître Michel Dumesnil de Grammont. Tous, selon le mot de Denys Roman, «*admirateurs récents de Guénon*». À cette réunion étaient aussi présents les trois futurs initiés, à savoir, Jean Reyor, Roger Maridort et Denys Roman lui-même.

Pour Reyor, l'aventure de *La Grande Triade* dura de juillet 1947 à janvier 1951. En effet, malgré la présence de guénoniens fervents comme Jean Granger (alias *Jean Tourniac*), malgré une nombreuse affluence («*certains jours, indique Denys Roman, l'affluence était si grande que plusieurs assistants devaient rester debout*»*),* la loge ne parvenait pas à engager vraiment son action de rectification.

Maugy-Roman, avec Granger, se mit à intriguer pour que *La Grande Triade* rejoigne la GLNF, dont l'un des dignitaires d'alors, Pierre Massiou (en correspondance avec Guénon), leur faisait des appels du pied. Guénon était réticent à cette migration, car il craignait le conformisme très «*anglais*» de la GLNF, peu propice aux travaux qu'il souhaitait. Or, Reyor, pour qui *La Grande Triade* sous les auspices de la GLF ne tenait pas ses promesses d'une rectification intégrale (trop de non-guénoniens y entraient à son goût), se rallia, en 1950, à l'idée d'une migration vers la GLNF.

Finalement, après des quiproquos, la moitié des guénoniens de *La Grande Triade* émigra à la GLNF, l'autre moitié resta à la GLF avant, aux dires de Reyor, d'abandonner complètement la Maçonnerie. Reyor fut radié de la GLF le 6 janvier 1951, Guénon mourut le 7 janvier et Reyor ne rentra pas à la GLNF, considérant sa mission terminée. Ce ne fut certainement pas une rupture totale avec l'Ordre si l'on en juge par le nombre d'écrits qu'il lui a consacrés, ultérieurement, notamment dans *Le Symbolisme* de Marius Lepage, et dans lesquels il se considère, de toute évidence, comme Franc-Maçon.

«*Au point de vue maçonnique,* poursuit Reyor dans son témoignage, *les guénoniens de la GLNF sont restés, sauf un, dans la branche orthodoxe au moment du schisme aboutissant à la création d'Opéra, c'est-à-dire à Neuilly. "La Grande Triade" a perdu petit à petit ses membres et est réduite à l'état squelettique à la suite de démissions, décès et schismes. Pour tenter un travail plus sérieux que celui des Obédiences, avec l'autorisation de Guénon, avait été formée, en 1949, une loge extra-obédientielle qui, après la mort de Guénon, continua à réunir pendant quelque temps des Maçons de la GLF et de la GLNF. On y avait même admis un Frère de la Grande Loge Unie d'Angleterre. Mais une fois Guénon disparu, il n'y avait plus d'autorité capable de maintenir ensemble des Frères d'Obédiences, et qui plus est, de traditions et d'Églises différentes. Et la loge fut dissoute.*»

L'épisode de *La Grande Triade* et de ses avatars est fondamental. En effet, on ne rencontre pas l'expression «*Franc-Maçonnerie Traditionnelle*» avant cet épisode. Il semble bien que sa première apparition ait eu lieu dans les colonnes de la revue *Le Symbolisme* de Marius Lepage dans les années 1950, revue à laquelle collaborait Jean Reyor, collaboration importante puisque bon nombre des textes qu'il a publiés sous forme de livres sont issus de là.

Nous pouvons alors émettre l'hypothèse que l'entrée sur le devant de la scène de la notion de «*Franc-Maçonnerie Traditionnelle*» est le résultat de l'acculturation des idées guénoniennes au sein de la Franc-Maçonnerie française par des Maçons guénoniens depuis l'aventure de *La Grande Triade*. En effet, si celle-ci n'a pas eu les effets escomptés de ses promoteurs, qui en attendaient peut-être trop tout de suite, et si la loge elle-même a éclaté sous l'effet de multiples dissensions, elle a eu un effet de contagion par son éclatement même, effet qu'elle n'aurait peut-être pas eu si les guénoniens y étaient restés groupés, comme dans une sorte de ghetto. Tirant la leçon de l'expérience, Denys Roman écrit: «*Jusqu'alors, l'œuvre et le nom même de Guénon étaient pratiquement inconnus au sein de la Maçonnerie française. À partir de cette fondation au contraire, et — pourquoi ne pas le dire? — en raison même du tumulte causé par certains événements qui eurent un grand retentissement dans le monde maçonnique, la diffusion des principales thèses guénoniennes sur l'initiation n'a cessé de s'affirmer, non seulement à la Grande Loge de France, mais aussi dans les autres obédiences françaises.*» À la GLNF, Jean Tourniac a fait école en influençant des auteurs comme Jean Palou ou Jean-Pierre Bayard. De la GLNF, l'influence est passée, lors de la scission de 1958, dans la GLNF-Opéra, qui, justement, a changé son nom en Grande Loge «*Traditionnelle*» et Symbolique en 1982. Or, René Guilly et René Jacques Martin, fondateurs de la LNF, et le second de la GLISRU-Humanitas, deux structures qui font profession d'œuvrer pour la «*Franc-Maçonnerie Traditionnelle*», provenaient de la GLNF-Opéra. Et Jean Reyor, dans son rôle de «*gardien de la loi*» guénonienne en Maçonnerie, a fait paraître dans *Le Symbolisme* des critiques élogieuses des premiers travaux publiés par René Guilly, sous son nom de plume de René Désaguliers.

Ainsi, on peut suivre le fil rouge guénonien. Certes, on peut se poser la question des travestissements du projet de départ, comme des significations autres que le vocable «*Tradition*» a bien pu prendre dans l'esprit des successeurs. Mais l'hypothèse que l'on peut faire aujourd'hui, c'est que l'expression «*Franc-Maçonnerie Traditionnelle*» est un marqueur guénonien.

Quelles que soient les écoles de pensée ésotérique et le vocabulaire employé pour les désigner (un Maçon qui veut indiquer une orientation de travail ésotérique la désignera plus volontiers sous l'appellation de «*travail symbolique*»), l'ésotérisme s'est répandu dans de larges secteurs du paysage maçonnique français, plus largement peut-être que dans les autres Maçonneries «libérales». Pour beaucoup, il représente, devant la crise morale engendrée par les affaires politico-financières, la seule voie de dégagement honorable.

Chapitre III
La Franc-Maçonnerie, les religions, la société et le monde

Les loges maçonniques ouvrent leurs travaux par un rituel censé, selon l'expression de Mircea Eliade, effectuer une rupture, en même temps qu'un passage entre un espace-temps profane (à l'extérieur de la loge) et un espace-temps sacré (à l'intérieur de la loge). En fait, et ces pages ont permis de le constater, l'interaction est constante entre le monde, la société et la Franc-Maçonnerie. D'abord, et c'est une banalité de le souligner, parce que la Franc-Maçonnerie n'est pas un Ordre coupé du monde : ses membres y tiennent leur place sur les plans privé, professionnel et social, voire culturel et politique, et se trouvent donc, personnellement, confrontés à ses enjeux et à ses valeurs. Ensuite, parce que la Maçonnerie s'est construite sur une ambiguïté, hésitant toujours entre la construction d'un soi individuel, la construction d'un groupe solidaire et une construction sociale sous le signe de l'universalisme. Or, le dernier point, parce qu'il place le monde au cœur des préoccupations maçonniques, favorise la pénétration des préoccupations mondaines dans les loges. Le second point n'est pas exempt d'ambiguïté à son tour : construire un groupe solidaire, c'est mettre les relations de sociabilité, d'assistance mutuelle et d'entraide au cœur des préoccupations maçonniques. Or, en Italie, en Angleterre ces dernières années, en France plus récemment, un certain nombre d'affaires judiciaires complaisamment médiatisées posent crûment la question de savoir où finit l'entraide et où commence l'entente illicite.

Alors, sans prétendre épuiser la question des rapports évolutifs entre la Franc-Maçonnerie et le monde, faisons brièvement le point sur quelques questions qui se posent aujourd'hui, à savoir la question religieuse, la place des femmes dans la Maçonnerie et l'impact des scandales politico-affairistes.

• Situation présente des rapports entre l'Église catholique et la Franc-Maçonnerie

Depuis les condamnations portées contre la Franc-Maçonnerie par l'Église romaine au XVIIIe siècle, assorties de menaces d'excommunication pour les Catholiques qui y entreraient, depuis la véritable guerre qui a opposé les deux institutions durant 150 ans et qui a vu chaque partie rivaliser tour à tour d'intolérance et de sectarisme, les choses se sont apaisées, sans pour autant se régulariser.

Le conflit s'est surtout déroulé dans les pays catholiques de l'Europe du Sud, dans lesquels le catholicisme romain jouissait d'un monopole absolu sur les consciences. Le dialogue s'est progressivement renoué au fur et à mesure que l'Église catholique prenait conscience qu'elle ne récupérerait jamais le monopole spirituel légal et qu'elle devait rompre avec son attitude obsidionale si elle voulait conserver une influence sur le monde. Cependant, le frein à des évolutions importantes, c'est que l'Église ne peut pas abandonner la prétention à détenir la Vérité sans se renier comme monothéisme, et le malentendu devant les évolutions en cours serait de prendre une évolution tactique pour une évolution doctrinale. Les Francs-Maçons catholiques n'étaient pas loin de l'espérer et de prendre leurs désirs pour des réalités, d'où certaines déconvenues récentes.

Le premier dialogue qui a marqué les esprits, c'est celui qu'ont noué, à partir de 1937, l'écrivain et historien maçon Albert Lantoine et le R.P. jésuite Joseph Bertheloot, alors spécialiste de la Maçonnerie pour le compte de l'Église. Albert Lantoine avait tendu la main dans une *Lettre au Souverain Pontife*, où il soulignait que l'évolution du contexte historico-politique rendait obsolètes les conflits passés et que les nouvelles situations devaient permettre d'abord d'enterrer la hache de guerre, ensuite, peut-être, de développer des points de vue proches sur certaines grandes questions (il visait notamment les totalitarismes). En réponse, le R. P. Bertheloot entamait un échange de long terme qu'il devait marquer d'un livre en 1947, *La Franc-Maçonnerie et l'Église catholique*, soulignant que les rapprochements pouvaient s'envisager, pour autant que la Maçonnerie libérale accepterait de renouer avec les landmarks traditionnels de l'Ordre reposant sur l'adhésion au GADLU entendu comme le Dieu chrétien. Le Père Bertheloot se montrait particulièrement bon connaisseur des clivages internes de l'Ordre quand il opposait en 1952, dans la revue jésuite *Études*, « Maçonnerie Anglaise et Maçonnerie Française », soulignant que, *« excommuniée par l'Église catholique, elle [la Maçonnerie française] s'est vue également, en raison de son athéisme, retranchée de l'orthodoxie maçonnique »*. Du côté maçonnique, ce dialogue renoué devait s'appuyer sur des représentants du Régime Écossais Rectifié, qui a toujours revendiqué son orientation chrétienne, et sur la Grande Loge Nationale Française, qui adhérait explicitement au déisme traditionnel. En 1956, le célèbre jésuite Michel Riquet reprend la tâche du R.P. Bertheloot et sa prestation devant la loge *Volney* de Laval, où il est reçu « *maillet battant* » par le Vénérable Marius Lepage dans une « *tenue blanche fermée* », est restée justement célèbre.

Il faut distinguer maintenant les prises de position générales de l'Église catholique sur la Franc-Maçonnerie et son attitude à l'égard de la Maçonnerie française.

Le concile de Vatican II a permis de redéfinir l'attitude de l'Église catholique à l'égard des autres religions et des courants philosophiques non chrétiens. Désormais, si ces systèmes sont toujours considérés comme faux et entachés d'erreurs (car si l'Église affirme détenir la Vérité, elle ne peut reconnaître celle des autres), les hommes qui les pratiquent doivent être tolérés afin qu'un dialogue puisse se nouer dans l'espoir de les amener dans le giron de l'Église. Par ailleurs, l'Église prend acte de sa difficulté à contrôler le comportement des Catholiques dans un sens intégralement conforme aux dogmes et ne souhaite plus fulminer de sanctions définitives. Elle souhaite donc garder la porte ouverte aux brebis égarées. À partir de ces positions de fond, en procédant en 1983 à la refonte du *Code de Droit Canonique* de 1917, l'Église s'est trouvée confrontée aux sanctions dont elle frappait traditionnellement la Franc-Maçonnerie comme institution et les Francs-Maçons catholiques comme individus. Comme institution, le Code de 1983 persiste à condamner la Maçonnerie au motif de son relativisme religieux. Il ne suffit pas de faire référence au GADLU en tant que Dieu, ce que fait la Maçonnerie « régulière », si ce Dieu peut être indifféremment celui des juifs, des musulmans, des bouddhistes, des hindous, etc. Ce simple fait introduit une équivalence des religions que le catholicisme refuse. Certes, le nouveau canon 1374 parle «*d'associations qui conspirent contre l'Église*» et ne mentionne plus la Franc-Maçonnerie, mais, dans une déclaration du 26 novembre 1983, le cardinal Ratzinger, responsable de la Congrégation pour la doctrine de la Foi, rappelait que même si la Franc-Maçonnerie n'était plus citée, «*le jugement négatif de l'Église sur la Franc-Maçonnerie demeure donc inchangé parce que ses principes ont toujours été considérés comme incompatibles avec la doctrine de l'Église; c'est pourquoi il reste interdit par l'Église de s'y inscrire. Les catholiques qui font partie de la Franc-Maçonnerie sont en état de péché grave et ne peuvent s'approcher de la Sainte Communion*».

En France, les choses semblent se présenter de manière différente. Au fil des années, le R. P. Michel Riquet, déjà nommé, a entretenu des relations de plus en plus exclusives avec la GLNF, au point d'obtenir de la Congrégation pour la doctrine de la Foi, en 1972, pour les Francs-Maçons qui ne comploteraient pas contre l'Église, une interprétation restrictive de l'ancien canon 2335 portant excommunication. Dans la foulée, la GLNF s'est ouverte de ses travaux et de ses rituels à la Congrégation pour en obtenir le *nihil obstat*. Après la prise de position du cardinal Ratzinger sur le nouvel article 1374, Michel Riquet a maintenu, sans être officiellement démenti, que l'interprétation antérieure exonérant la GLNF de la condamnation romaine restait valable. Dans une déclaration solennelle en 1985, la GLNF assurait d'ailleurs fermement les Catholiques maçons qu'elle avait pu faire reconnaître «*que ses rituels et traditions n'étaient pas inconciliables avec la profession de la Foi catholique*».

Cette affaire a paradoxalement relancé des griefs maçonniques contre l'Église catholique de la part des obédiences «libérales». D'une part, elles reprochent à l'Église de ne pas avoir changé sur le fond en restant dogmatique, d'autre part, elles lui reprochent d'entrer dans des polémiques intramaçonniques en apportant une caution à la GLNF. Enfin, Michel Riquet étant membre de la Compagnie de Jésus, réapparaît le mythe du complot jésuite contre la Maçonnerie. Par ailleurs, les courants libres penseurs et anticléricaux n'ont, pas plus que le cardinal Ratzinger, la volonté de calmer le jeu: continuer de vouloir «*écraser l'infâme*», manifester contre l'enseignement catholique ou la venue du pape Jean-Paul II en France fait toujours partie d'un certain folklore maçonnique.

• La place des femmes dans la Maçonnerie

S'il y a aujourd'hui des femmes en Franc-Maçonnerie, même dans les pays anglo-saxons, c'est à la Franc-Maçonnerie française qu'on le doit. Pourtant, leur admission ne va pas de soi et se heurte à une double objection.

D'abord, les *Constitutions d'Anderson,* en ce qu'elles se voulaient le prolongement des *Anciens Devoirs* des Maçons médiévaux, interdisaient la Maçonnerie aux femmes dans leur titre 3: «*... Les personnes reçues membres d'une loge doivent être des hommes bons et sincères, nés libres, d'un âge mûr et discret, et non des esclaves, des femmes, ni des hommes immoraux ou scandaleux, mais de bonne réputation.*» La Franc-Maçonnerie «régulière», dans la ligne de la GLUA, s'en tient fermement à cette interdiction. Les justifications doctrinales portant sur l'intangibilité des constitutions d'Anderson sont faibles: pour recevoir d'anciens esclaves noirs, la GLUA n'a pas hésité à supprimer la mention «*nés libres*» au motif que les conditions historiques avaient changé. Pourquoi alors ne pas modifier l'interdiction portant sur les femme dans une époque où l'égalité homme-femme est proclamée dans tous les pays occidentaux ? Sans doute faut-il y voir la volonté de maintenir l'existence de «*sociétés d'hommes*» à une époque où les valeurs féminines et les femmes pénètrent partout (y compris dans les armées !), et celle de ne pas donner prise à des accusations d'immoralité en favorisant les relations entre des hommes mariés et d'autres femmes que leurs épouses.

Plus récente, vient l'objection «traditionaliste» qui, à la suite de René Guénon ou de Julius Evola, pose une anthropologie symbolique différenciée selon des critères sexuels. Selon l'anthropologie traditionnelle, on ne naît pas homme ou femme par hasard et la différenciation sexuelle n'est que le reflet d'une différence d'essence qui ouvre sur des potentialités différentes. De ce point de vue, l'éveil spirituel par l'initiation est permis aux deux sexes mais ne saurait se présenter de manière identique. On est ainsi conduit à identifier des initiations spécifiquement masculines et des initiations spécifiquement féminines. Or, pour les Francs-Maçons Traditionnels[64], l'initiation maçonnique appartient au groupe des initiations masculines, ce qui implique, d'une part, que les femmes ne peuvent y être valablement initiées, et, d'autre part, qu'elles ne peuvent donc pas être valablement initiatrices à leur tour. Ce qui disqualifie aussi bien la Maçonnerie féminine que la Maçonnerie mixte.

Toujours est-il qu'au XVIIIe siècle, la bonne société maçonnique française a trouvé un moyen élégant de contourner les *Constitutions d'Anderson*. Les aristocrates et les grands bourgeois qui peuplent les loges sont, en effet, bien peinés de devoir se passer de compagnie féminine en loge. D'une part, ces dames affectent de supposer que si les loges leur sont interdites c'est qu'il doit s'y produire des actes immoraux et contre nature, d'autre part, comment se passer, surtout au moment du banquet, de l'esprit féminin qui fait la renommée des salons, et d'un charme qui peut laisser espérer bien d'autres joies ?

On a donc eu l'idée, dès les années 1740, de créer une «*Maçonnerie des dames*» fonctionnant dans des «*loges d'adoption*». Chacune de ces loges dépendait d'une loge masculine qui exerçait sa tutelle et était dirigée par un collège d'officiers mixte, dirigé par le Vénérable de la loge masculine. Les rituels étaient différents des rituels masculins, les travaux se déroulaient de manière séparée, mais il arrivait qu'il y ait des activités regroupées et, en tout cas, on se retrouvait pour le banquet et… pour le bal qui ne manquait pas de suivre. À la fin de l'Ancien Régime, on estime de 50 à 80 le nombre des loges d'adoption. Mais, cette Maçonnerie-là restait une Maçonnerie «*pour rire*» qui n'était ouverte aux femmes que par galanterie.

Vers la fin du XIXe siècle, sans que cette Maçonnerie d'adoption ait totalement disparu, les progrès du féminisme amènent certaines femmes à revendiquer l'entrée en Franc-Maçonnerie par la voie royale de l'initiation normale. La première femme à «*forcer*» la porte du temple s'appelle Maria Deraisme, initiée le 14 janvier 1882 dans la loge *Les Libres Penseurs* du Pecq, en région parisienne, qui, pour cette cause, a dû quitter son obédience, la Grande Loge Symbolique Écossaise. Plusieurs loges de la GLSE ont, dans la foulée, initié des femmes, mais, n'ayant pas pu faire admettre cette situation par l'obédience, Maria Deraisme, Georges Martin et une partie des nouvelles Sœurs ont alors fondé l'obédience mixte du Droit Humain. Les autres rejoignent, à partir de 1907, la nouvelle maçonnerie d'adoption fondée par la GLF qui devait déboucher, à partir de 1935, sur la proto-Grande Loge Féminine de France.

L'histoire ne s'arrête pas là, puisque, en 1902, par l'intermédiaire de sa belle-sœur Francesca Arundale, le docteur Georges Martin fait la connaissance d'Annie Besant, militante socialiste et féministe, mais, surtout, principale animatrice de la *Société Théosophique* après la mort de Madame Blavatsky. Annie Besant est initiée dans la loge n° 1 du Droit Humain et, l'année suivante, elle fonde à Londres la loge *Human Duty n° 6*, d'où sort la fédération britannique du Droit Humain par laquelle l'initiation des femmes se répand, modérément il faut le dire, dans la sphère anglo-saxonne.

L'initiation maçonnique féminine suit donc, en France, deux voies distinctes. L'une, au sein de la GLFF, développe une approche strictement féminine de la Maçonnerie, l'autre, au sein du DH, de ses scissions, de la GLISRU et de certaines obédiences de M & M, développe une approche «*androgyne*» où il n'est fait aucune différence entre la pratique des hommes et celle des femmes. Sauf la GLNF qui rejette catégoriquement l'idée de femmes Francs-Maçons, les deux autres obédiences ont une approche plus ambiguë. La GLF refuse de recevoir des Sœurs durant ses travaux, mais permet à ses membres de visiter des loges mixtes ou féminines. Le GODF se montre plus libéral et admet les visites de Maçonnes. Ces deux obédiences sont actuellement soumises à une pression sociale, idéologie de la parité aidant, pour s'ouvrir à l'initiation féminine. La question est délicate à trancher car, si ces obédiences savent bien qu'un refus les exposera au reproche d'antiféminisme, elles savent aussi qu'une acceptation leur ferait perdre de nombreux membres masculins, quelques-uns pour des raisons «traditionnelles», la plupart par volonté de conserver à leurs loges le style de club masculin. Elles ont alors peur de les voir partir chez les frères ennemis de la GLNF ou de la GLTS-O.

• Fraternité, affairisme et politique

Il n'est pas question de reprendre dans le détail la chronique des «affaires» où Franc-Maçonnerie, *business* et politique se mélangent. En France, la lecture de la presse quotidienne ou hebdomadaire, souvent à la rubrique judiciaire, et un best-seller récent peuvent y pourvoir[65]. Il faut cependant poser quelques questions de fond aussi bien pour interpeller les Maçons que leurs censeurs, en séparant les questions politiques et les affaires financières, même si notre société marchande libérale fait que les deux se rejoignent aujourd'hui.

Les questions politiques, on l'a vu, ne se posent pas de la même manière dans l'orbite de la Maçonnerie «régulière» anglo-saxonne, qui s'est toujours voulue conformiste sur ce point, et dans l'orbite de la Maçonnerie latine et, plus généralement, européenne-continentale. On a vu aussi qu'il faut faire, pour cette dernière, une césure nette entre la Maçonnerie d'Ancien Régime et la Maçonnerie post-révolutionnaire. Avant la Révolution, la Maçonnerie pouvait parfois offrir le soutien logistique de son réseau européen de loges dans des circonstances très particulières (conspirations jacobites, soutien à la cause américaine), mais la politique n'est pas l'objet des loges. Après la Révolution, plus exactement après l'épisode napoléonien, la Maçonnerie latine va hésiter entre accepter d'être utilisée par un pouvoir politique ou servir d'abri à des conspirations politiques radicales, et parfois les deux en même temps. C'est particulièrement vrai, en France, du GODF, de Napoléon à Mitterrand, mais les autres obédiences ne sont pas sorties indemnes de la fréquentation des allées du pouvoir.

En France, et dans les pays latins, on constate un ancrage à gauche et d'une gauche qui fait la plupart du temps des choix hostiles à la puissance et à l'identité nationales. Cet ancrage n'est pas consubstantiel à la Maçonnerie, il résulte largement des aléas historiques sur fond de guerre religieuse contre l'Église catholique. Dans le Royaume-Uni ou aux États-Unis, la Maçonnerie a fait des choix politiques inverses.

Il n'est pas vrai de dire que la politisation a fait l'unanimité au sein de la Maçonnerie française; il s'est toujours trouvé, même au sein du GODF, des courants pour en contester le bien-fondé, au nom de l'initiation. Pendant longtemps, cette politisation a été cependant plutôt bien reçue parce qu'elle semblait aller dans le sens de réformes sociales positives au sein d'une gauche réellement populaire. Dans les deux dernières décennies du XXe siècle, la mondialisation libérale et le brouillage idéologique qui en est résulté, en rapprochant socialisme et libéralisme, ont conduit la gauche européenne à abandonner ses projets de réformes sociales et économiques pour ne conserver qu'un discours de légitimation anti-identitaire, masquant des choix foncièrement libéraux. Les réseaux qui lui servaient auparavant à faire un travail métapolitique de conversion de l'opinion publique, réseaux au sein desquels de larges fractions de la Maçonnerie française avaient accepté de tenir leur place, ne lui servent plus désormais qu'à soutenir des ambitions personnelles dans un système où l'argent conditionne la réussite de la propagande politique et, donc, le résultat des élections. Voilà la clé explicative des affaires de financement occulte dans lesquelles de nombreux Maçons se sont laissés engluer.

Ce qu'on appelle l'« affairisme » de la Maçonnerie, c'est-à-dire le fait de se servir du réseau maçonnique à des fins d'enrichissement personnel sans justification politique, pose un autre genre de problème.

Une dimension constitutive du fait maçonnique, c'est le rôle de la loge comme structure de sociabilité, c'est-à-dire, comme groupe de relations entre les individus, groupe où l'on aime se rencontrer, échanger des idées, partager des centres d'intérêt. L'affectivité intense qui sous-tend ce genre de groupe conduit nécessairement à l'entraide et à l'échange de services. Il n'y a pas lieu de s'en étonner, ce n'est pas une caractéristique des seules loges maçonniques; on peut même soutenir que la sociabilité est une nécessité de la vie humaine. Du groupe familial, voire tribal, aux associations ethniques, religieuses, professionnelles ou de loisirs, tous les groupes humains partagent cette dimension.

Il est tout aussi vrai que ce fait introduit la notion de préférence communautaire dans la vie sociale, puisque l'éventualité de rendre un service va en priorité aux membres du ou des groupes auxquels on appartient et avec lesquels on se sent en particulière proximité d'affection ou de centres d'intérêt. Dans des sociétés communautaires, comme l'Inde des castes, fondées sur la complémentarité et l'emboîtement multiples de groupes solidaires, cette pratique ne pose aucun problème de légitimité. En revanche, dans nos sociétés égalitaires fondées sur l'utopie que tous les acteurs sociaux doivent être, sous tous les rapports, sur la même ligne de départ (c'est *l'égalité des chances* des égalitaristes modérés), voire sur la même ligne d'arrivée (c'est *l'égalité des résultats* des égalitaristes extrémistes), c'est beaucoup plus difficile à admettre. Notons au passage que le marché libéral fonctionne sur le principe de l'égalité des chances, puisque son fonctionnement optimum exige que tous les acteurs économiques partagent les mêmes informations de départ, d'où la sensibilité des libéraux aux «délits d'initiés» qui ruinent cette exigence d'information égale pour tous. Dire que cet égalitarisme est une utopie signifie constater qu'il ne correspond pas au fonctionnement concret des sociétés humaines, mais qu'en même temps une pression s'exerce pour modifier ce fonctionnement concret dans le sens de l'égalitarisme. Ainsi vont les sociétés occidentales en développant des pathologies psychosociales où, d'une part, chacun s'efforce pour soi-même et ses groupes d'appartenance de tourner les règles égalitaires, mais, d'autre part, scrute avec attention la manière dont les autres groupes les tournent pour les dénoncer comme contraires à la morale.

Une certaine partie de la Franc-Maçonnerie est particulièrement exposée à cette contradiction quand elle adhère explicitement, dans le domaine public, à l'idéologie égalitaire dominante, mais fonctionne comme un groupe d'appartenance où règne la préférence communautaire dans le domaine privé de ses loges.

Les choses se compliquent quand la Maçonnerie s'adresse plus particulièrement aux couches socialement aisées de la population. Ce n'est pas nécessairement immoral, dans la mesure où l'on constate une certaine corrélation entre l'élévation du niveau social et des préoccupations intellectuelles plus exigeantes que celles de la culture de masse ambiante. Là encore, qui se ressemble, cherche à s'assembler. Mais, de fait, se trouvent alors réunis des acteurs sociaux et économiques en position de pouvoir et les échanges de services prennent une autre dimension. Force est aussi de constater que, dans la société marchande libérale mondialisée, le critère cardinal de la réussite est devenu financier, sans que l'on soit toujours très regardant sur les conditions de cette réussite. Cette double caractéristique, l'une interne, l'autre externe, rend la Maçonnerie vulnérable à la pénétration de réseaux qu'il faut bien qualifier de mafieux.

La Franc-Maçonnerie est donc à la fois complice et victime d'une situation dont elle ne maîtrise pas toutes les données. Autant il est juste de stigmatiser les Maçons pris la main dans le sac d'activités délictueuses, autant il est injuste de condamner une institution qui n'est pas responsable de l'érection de l'argent en valeur suprême de l'Occident. En tout cas, si elle porte une part de responsabilité, elle est loin d'être la seule ni la plus coupable.

Si l'on passe maintenant du constat aux remèdes, il faut faire un détour par l'examen des motivations des nouveaux censeurs de la Franc-Maçonnerie. Dans le livre auquel nous avons fait allusion, les auteurs posent la question de conclusion: « *Un siècle après avoir rompu le cordon ombilical avec l'Église catholique, la France peut-elle s'épargner la séparation de la maçonnerie et de l'État?* »[66] Bien des Francs-Maçons, pour qui le seul rôle de l'Ordre devrait être de conduire les siens sur le chemin de l'éveil initiatique, répondraient sans hésiter par l'affirmative. Mais lorsque les auteurs posent benoîtement la question: «*Alors, pourquoi ne pas en finir avec ce satané secret d'appartenance?*»[67], l'oreille se dresse. Certes, on tombera d'accord avec eux pour estimer que les sempiternelles références aux persécutions de Vichy pour refuser la fin du secret d'appartenance ne sont plus de saison au début du XXIe siècle. Mais, lorsqu'ils affirment que «*la société moderne exige la transparence*»[68], on reste dubitatif. Une société intégralement transparente, où tous les actes de chacun seraient à la vue de tous, serait aussi intégralement totalitaire. L'idéologie de la transparence est aussi le propre d'une époque où voyeurs et exhibitionnistes forment système. Sans compter qu'il ne s'agit, en fait, que d'une utopie de plus: dans une société transparente, il y en aurait toujours qui seraient plus transparents que d'autres. Ce que confirme le phénomène des caméras de surveillance qui fleurissent dans tous les quartiers de nos villes: il y a bien ceux qui regardent et qui jouissent de ce pouvoir sur ceux qui sont regardés sans y rien pouvoir. Il n'est pas sûr, d'ailleurs, que les journalistes, qui réclament la transparence pour les Francs-Maçons, parce qu'ils sont du bon côté de la caméra, soient disposés à jouer pour eux-mêmes le jeu de la transparence en révélant qui les renseignent et pourquoi, ou qui les financent et pourquoi. Les auteurs ne manquent pas d'exploiter toutes les affaires politico-affairistes du dernier quart de siècle pour réclamer la déclaration d'appartenance en ce qui concerne les magistrats et les policiers, à l'instar de mesures prises par le gouvernement travailliste en Grande-Bretagne. Ils ne sont pas loin de le demander pour tous les fonctionnaires en situation d'autorité ou les dirigeants d'entreprises privées. La question est grave et mériterait examen si l'on pouvait penser que l'égalité de traitement de tous devant la loi et le pouvoir pouvait y gagner. Mais est-il juste de ne viser alors que la seule Franc-Maçonnerie? Toute appartenance, quelle qu'elle soit, étant susceptible de gauchir un jugement, d'engendrer du favoritisme ou de la discrimination doit-elle être déclarée? Toute personne ayant le sentiment qu'une décision défavorable lui a été imposée pourra-t-elle alors la contester, au motif que celui qui l'aura prise, n'appartenant pas à la même race, la même religion, la même école philosophique, la même classe sociale ou… ne soutenant pas le même club de football, aura eu un motif de la léser ou de favoriser quelqu'un d'autre?

Toutes ces questions et bien d'autres ne peuvent être traitées ici, mais il est clair que le problème posé est bien celui de la liberté de pensée et d'expression, indissociable de la liberté d'appartenance et, au-delà, celui de certaines dérives quasi totalitaires. Les Francs-Maçons français se trouvent pris au dépourvu par cette opération de sidération mentale, certains sont prêts à renoncer au secret et au serment; c'est, semble-t-il, ce que l'actuel Grand-Maître du GODF préconisait en 2000. On se lance dans des opérations de relations publiques pour amadouer les journalistes, comme lors d'un colloque parisien réunissant cinq obédiences en mai 2001. D'autres crient à la chasse aux sorcières.

Il est probable, cependant, que la meilleure façon de mettre fin aux polémiques ne consiste pas à se «*normaliser*» en se transformant en club banal, «*transparent*», ce qui ferait perdre à l'Ordre son identité et, sans doute, ses membres. Il s'agirait plutôt de mettre fin aux dérives en en revenant strictement à la dimension initiatique, symbolique et ésotérique d'une Maçonnerie se situant dans une longue lignée de sociétés initiatiques inspirées par la *philosophia perennis* (par filiation réelle ou choisie, peu importe). Ainsi, ceux qui seraient venus y chercher des relais politiques ou affairistes s'élimineraient d'eux-mêmes, n'ayant plus rien à y gagner.

BIBLIOGRAPHIE SUCCINCTE

En toutes langues, le nombre des ouvrages ou articles consacrés à la Franc-Maçonnerie atteint vraisemblablement les 100 000 en ce début de XXIe siècle. On ne trouvera ici qu'un choix restreint et éclectique d'ouvrages en français. Pour des bibliographies plus fournies, on se reportera aux indications du *Dictionnaire* de Daniel Ligou et de l'*Encyclopédie* d'Éric Saunier.

DICTIONNAIRES ET ENCYCLOPÉDIE

BAUDOUIN Bernard, *Dictionnaire de la Franc-Maçonnerie*, Paris, De Vecchi, 1995.

LHOMME Jean, MAISONDIEU Édouard & TOMASO Jacob, *Dictionnaire thématique illustré de la Franc-Maçonnerie*, Monaco, Éditions du Rocher, 1993.

LIGOU Daniel (sous la direction de), *Dictionnaire de la Franc-Maçonnerie*, Paris, PUF, 1991.

SAUNIER Éric (sous le direction de), *Encyclopédie de la Franc-Maçonnerie*, Paris, Le Livre de Poche — La Pochotèque, 2000.

RICHARD Éric, *Dictionnaire maçonnique. Le sens caché des rituels et de la symbolique maçonnique*, Paris, Dervy, 1999.

TEXTES FONDATEURS ET SOURCES

BÈGUE-CLAVEL François-Timoléon, *Histoire pittoresque de la Franc-Maçonnerie et des sociétés secrètes anciennes et modernes*, fac-similé de l'édition de 1844, Paris, Henri Veyrier éditeur, 1989.

DARUTY Jean-Émile, *Recherches sur le Rite Écossais Ancien et Accepté*, réimpression de l'édition de 1908, Genève-Paris, Slatkine, 1985.

BORD Gustave, *La Franc-Maçonnerie en France, des origines à 1815*, reprint de l'édition de 1879, Paris, Télètes, 2002.

FERRÉ Jean, *Histoire de la Franc-Maçonnerie par les textes (1248-1782)*, Le Rocher, 2001.

LAWRIE Alexandre & THORY Claude Antoine, *Histoire de la Franc-Maçonnerie et de la Grande Loge d'Écosse*, rééd. d'après celle de 1813, Bagnolet, Éditions Ivoire-Clair, 2001.

LE FRÈRE de la TIERCE, *Histoire des Francs-Maçons*, fac-similé de l'édition de 1745, Rouvray, Éditions du Prieuré, 1994.

LIGOU Daniel (Introduction, traduction et notes de), *Les Constitutions d'Anderson*, Paris, Edimaf, 1998.

NÉGRIER Patrick (Textes traduits et présentés par), *Textes fondateurs de la Tradition maçonnique 1390-1760*, Paris, Éditions Grasset & Fasquelle, 1995.

NÉGRIER Patrick (Textes rassemblés par), *La Franc-Maçonnerie d'après ses textes classiques — Anthologie 1599-1967*, Paris, Detrad, 1996.

PÉRAU, Abbé Gabriel-Louis (Présentation de Daniel Ligou), *L'Ordre des Francs-Maçons trahi et le Secret des Mopses révélé*, réimpression de l'édition de 1745, Genève-Paris, Slatkine, 1980.

RAGON J.-M., *Tuileur général de Franc-Maçonnerie*, reprint de l'édition de 1861, Paris, Télètes, 2000.

VUILLAUME J.-M., *Le Tuileur*, reprint de l'édition de 1830, Le Rocher, 1990.

HISTOIRES GÉNÉRALES

On ne dispose pas encore, hélas! d'une histoire générale de la Franc-Maçonnerie qui ferait la synthèse des avancées historiographiques de ces dernières années.

GOULD Robert-Freke, *Histoire abrégée de la Franc-Maçonnerie*, Paris, Jean de Bonnot, 1997.

NAUDON Paul, *Histoire générale de la Franc-Maçonnerie*, Paris, Office du Livre, 1987.

LIGOU Daniel (sous la direction de), *La Franc-Maçonnerie*, Paris, PUF — Dix-Huitième Siècle n° 19, 1987.

PALOU Jean, *La Franc-Maçonnerie*, Paris, Payot, 1964.

ÉTUDES THÉMATIQUES

BEAUREPAIRE Pierre-Yves, *L'Autre et le Frère. L'Étranger et la Franc-Maçonnerie en france au XVIIIe siècle*, Paris, Honoré Champion, 1998.

— *La République universelle des Francs-Maçons de Newton à Metternich*, Rennes, Ouest-France, 1999.

— *Nobles Jeux de l'arc et Loges maçonniques dans la France des Lumières. Enquête sur une sociabilité en mutation*, Bagnolet, Éditions Ivoire-Clair, 2002.

— *L'Espace des francs-maçons. Une sociabilité européenne au XVIIIe siècle*, Rennes, P.U.R., 2003.

BUISINE Andrée, *La Franc-Maçonnerie anglo-saxonne et les femmes*, Paris, Guy Trédaniel, 1995.

FERRER-BENIMELLI José A., *Les Archives secrètes du Vatican et la Franc-Maçonnerie. Histoire d'une condamnation pontificale*, Paris, Dervy, 1989.

GABUT Jean-Jacques, *Église, Religions et Franc-Maçonnerie — Le dossier complet*, Clermont-Ferrand, De Borées Éditions, 1998.

HIVERT-MESSECA Gisèle & Yves, *Comment la Franc-Maçonnerie vint aux femmes — Deux siècles de Franc-Maçonnerie d'adoption féminine et mixte en France 1740-1940*, Paris, Dervy, 1997.

MARTIN Luis P. (sous la direction de), *Les Francs-Maçons dans la Cité — Les cultures politiques de la Franc-Maçonnerie en Europe XIXe-XXe siècle*, Rennes, PUR, 2000.

NEFONTAINE Luc, *Le Protestantisme et la Franc-Maçonnerie — Des chemins qui se rencontrent*, Genève, Labor et Fides, 2000.

NEFONTAINE Luc & SCHREIBER Jean-Philippe, *Judaïsme et Franc-Maçonnerie — Histoire d'une fraternité*, Paris, Albin Michel, 2000.

PORSET Charles & REVAUGER Cécile, *Franc-Maçonnerie et religions dans l'Europe des Lumières*, Paris, Honoré Champion, 1998.

Histoire des origines

BARLES Jean, *Histoire du schisme maçonnique de 1717 — Création de la Grande Loge de Londres*, Paris, Guy Trédaniel Éditeur, 1990.

BAUER Alain, *Aux origines de la franc-maçonnerie*, Paris, Dervy, 2003.

KERVELLA André, *La Passion écossaise*, Paris, Dervy, 2002.

MÉREAUX Pierre, *Les Constitutions d'Anderson — Vérité ou imposture*, Monaco, Éditions du Rocher, 1995.

NAUDON Paul, *Les Origines religieuses et corporatives de la Franc-Maçonnerie*, Paris, Dervy, 1984.

STEVENSON David, *Les Origines de la Franc-Maçonnerie — Le siècle écossais 1570-1710*, Paris, Éditions Télètes, 1993.
— *Les Premiers Francs-Maçons. Les loges écossaises originelles et leurs membres,* Bagnolet, Éditions Ivoire-Clair, 2000.

Histoire européenne

BEAUREPAIRE Pierre-Yves, *L'Europe des francs-maçons. XVIIIe-XXIe siècles*, Paris, Belin, 2002.

Histoires nationales

On se restreint ici aux deux nations « rivales » de la Franc-Maçonnerie, en insistant davantage sur la France.

- France

CHEVALLIER Pierre, *Histoire de la Franc-Maçonnerie française*, 3 tomes, Paris, Fayard, 1974.
— *Les ducs sous l'Acacia ou les premiers pas de la Franc-Maçonnerie française 1725-1743*, Genève, Slatkine, 1994.

COMBES André, *Les trois siècles de la Franc-Maçonnerie française*, Paris, Edimaf, 1998.
— *Histoire de la Franc-Maçonnerie au XIXe siècle*, 2 tomes, Monaco, Éditions du Rocher, 1998 & 1999.

GAYOT Gérard, *La Franc-Maçonnerie française — Textes et pratiques XVIIIe-XIXe siècles*, Paris, Gallimard — folio-histoire, 1991.

KERVELLA André, *La Franc-Maçonnerie écossaise dans la France de l'Ancien Régime — Les années obscures 1720-1755*, Monaco, Éditions du Rocher, 1999.

LANTOINE Albert, *Histoire de la Franc-Maçonnerie française — La Franc-Maçonnerie chez elle*, réimpression de l'édition de 1927, Genève-Paris, Slatkine, 1981.

LIGOU Daniel (sous le direction de), *Histoire des Francs-Maçons en France*, Toulouse, Bibliothèque historique, Privat, 1987.

MARTIN Gaston, *La Franc-Maçonnerie française et la préparation de la Révolution*, Paris, PUF, 1926.

- Grande-Bretagne

BRODSKY Michel, *La Grande Loge Unie d'Angleterre*, Paris, Edimaf, 1999.

REVAUGER Cécile, *La Querelle des Anciens et des Modernes, le premier siècle de la Franc-Maçonnerie anglaise*, Paris, Edimaf, 1999.

Histoire des rites

CAILLET Serge, *La Franc-Maçonnerie égyptienne de Memphis-Misraïm* (2e édition), Paris, Dervy, 2003.

GALTIER Gérard, *Maçonnerie Égyptienne, Rose-Croix et Néo-Chevalerie — Les fils de Cagliostro*, Monaco, Éditions du Rocher, 1989.

GUÉRILLOT Claude, *La Genèse du Rite Écossais Ancien et Accepté*, Paris, Guy Trédaniel Éditeur, 1993.

LE FORESTIER René, *La Franc-Maçonnerie templière et occultiste aux XVIIIe et XIXe siècles*, 2 tomes, Paris, La Table d'Émeraude, 1987.
— *L'Occultisme et la Franc-Maçonnerie écossaise*, Milan, Archè, 1987.

NAUDON Paul, *Histoire, rituels et tuileur des Hauts Grades Maçonniques*, Paris, Dervy, 1993.

Pratique maçonnique

BAYARD Jean-Pierre, *Symbolisme Maçonnique Traditionnel*, tome I : *Les Loges Bleues*, tome II : *Hauts Grades et rites anglo-saxons,* Paris, Edimaf, 1981 & 1982.

BERESNIAK Daniel, *Demain la Franc-Maçonnerie*, Paris, Henri Veyrier, 1990.

CLÉMENT Roland, *La Politique et la pierre cachée — Le Grand Dessein de la Franc-Maçonnerie*, Chêne-Bourg, Georg, 2000.

ÉTIENNE Bruno, *Une Voie pour l'Occident – La Franc-Maçonnerie à venir*, Paris, Dervy, 2000.

GUÉNON René, *Études sur la Franc-Maçonnerie et le Compagnonnage*, 2 tomes, Paris, Éditions Traditionnelles, 1984 & 1985.

LEPAGE Marius, *L'Ordre et les Obédiences – Histoire et doctrine de la Franc-Maçonnerie*, Lyon, Paul Derain, 1956.

MAINGUY Irène, *La Symbolique maçonnique du troisième millénaire*, Paris, Dervy, 2000.
— *Symbolique des Grades de Perfection et des Ordres de Sagesse*, Paris, Dervy, 2003.

REYOR Jean, *À la suite de René Guénon... Sur la route des Maîtres Maçons*, Paris, Éditions Traditionnelles, 1989.

ROMAN Denys, *René Guénon et les destins de la Franc-Maçonnerie*, Paris, Éditions Traditionnelles, 1982.

SCHNETZLER Jean-Pierre, *La Franc-Maçonnerie comme voie spirituelle. De l'Artisan au Grand Architecte*, Paris, Dervy, 1999.

Revues

Cahiers de la Loge Nationale de Recherche Villard de Honnecourt de la Grande Loge Nationale Française, rue Christine de Pisan, Paris.

Points de vue initiatiques, Cahiers de la Grance Loge de France, 8, rue de Puteaux, 75017 Paris.

Renaissance Traditionnelle – Revue d'études maçonniques et symboliques, B.P. 161, 92113 Clichy Cedex. Cette revue, l'une des plus informées aujourd'hui, mériterait de voir presque tous ses articles cités en bibliographie !

Notes

[1] VINCENT Catherine, *Les Confréries médiévales dans le royaume de France XIIIe-XVe siècle*, Paris, Albin Michel, 1994.

[2] DACHEZ Roger, « Les origines de la Maçonnerie Spéculative : état des théories actuelles », in *Renaissance Traditionnelle* n° 118/119, avril-juillet 1999.

[3] DACHEZ Roger, *op. cit.*

[4] STEVENSON David, *Les Origines de la Franc-Maçonnerie. Le siècle écossais 1570-1710*, Paris, Télètes, 1993 et *Les Premiers Francs-Maçons. Les loges écossaises originelles et leurs membres,* Bagnolet, Éditions Ivoire-Clair, 2000.

[5] STEVENSON David, *Les Origines de la Franc-Maçonnerie. Le siècle écossais 1570-1710*, Paris, Télètes, 1993.

[6] DACHEZ Roger, *op. cit.*

[7] MÉREAUX Pierre, *Les Constitutions d'Anderson, vérité ou imposture*, Monaco, Éditions du Rocher, 1995.

[8] KERVELLA André, *La Maçonnerie Écossaise dans la France de l'Ancien Régime. Les années obscures 1720-1755*, Monaco, Éditions du Rocher, 1999.

[9] CHEVALLIER Pierre, *Les Ducs sous l'Acacia ou les premiers pas de la Franc-Maçonnerie française 1725-1743*, Genève, Éditions Slatkine, 1994.

[10] KERVELLA André, *Aux origines de la Franc-Maçonnerie française (1689 - 1750) : exilés britanniques et gentilshommes bretons,* Rouvray, Éditions du Prieuré, 1996.

[11] FAIVRE Antoine, *Accès de l'ésotérisme occidental*, t. 1, Paris, Gallimard, 1986, & MOLLIER Pierre, « Imaginaire chevaleresque et Franc-Maçonnerie au XVIIIe siècle » in *Renaissance Traditionnelle,* n° 97-98, janvier-avril 1994 et n° 99-100, juillet-octobre 1994.

[12] KERVELLA André & LESTIENNE Philippe, « Un Haut Grade templier dans les milieux jacobites en 1750 : l'Ordre Sublime des Chevaliers Élus aux sources de la Stricte - Observance », in *Renaissance Traditionnelle* n° 112, octobre 1997.

[13] Sur les circonstances et les raisons des condamnations pontificales, cf. Jérôme ROUSSE-LACORDAIRE, *B.A.-BA de l'antimaçonnisme*, Puiseaux, Pardès, 1998.

[14] LE BIHAN Alain, *Loges et Chapitres de la Grande Loge et du Grand Orient de France*, Paris, B.N., 1967.

[15] AGULHON Maurice, *Pénitents et Francs-Maçons de l'ancienne Provence*, Paris, Fayard, 1984.

[16] MORNET Daniel, *Les Origines intellectuelles de la Révolution française. 1715-1787*, Paris, Armand Colin, 1938.

[17] *Entretien avec Gérard Gayot* dans le numéro 49 de la revue *L'Histoire.*

[18] Sur le contenu idéologique de l'égalité au siècle des Lumières, voir André DELAPORTE, *L'Idée d'égalité en France au XVIIIe siècle*, Paris, PUF, 1987.

[19] Le *catéchisme maçonnique* est une instruction par questions-réponses sur le symbolisme et les buts de l'Ordre.

[20] ROCHE Daniel, *Le Siècle des Lumières en Province. Académies et académiciens provinciaux, 1680-1789*, Paris, EEHESS, 1978.

[21] Pour un tour d'horizon de la bibliographie ancienne et moderne sur ce thème, voir Charles PORSET, *Hiram Sans-Culotte ? Franc-Maçonnerie, Lumières et Révolution. Trente ans d'études et de recherches*, Paris, Honoré Champion, 1998.

[22] ROUSSE-LACORDAIRE Jérôme, *op. cit.*

[23] FAŸ Bernard, *La Franc-Maçonnerie et la révolution intellectuelle du XVIIIe siècle*, Paris, Éditions de Cluny, 1935.

[24] ROUSSE-LACORDAIRE Jérôme, *op. cit.*

[25] GAXOTTE Pierre, *La Révolution française*, Paris, Librairie Arthème Fayard, 1947.

[26] CHEVALLIER Pierre, *Histoire de la Franc-Maçonnerie française.* T. 1 *La Maçonnerie, école de l'égalité (1725-1790)*, Paris, Fayard, 1974.

[27] LIGOU Daniel, *Histoire des Francs-Maçons en France*, Toulouse, Privat, 1987.

[28] *Ultramontanisme* : ensemble des doctrines théologiques favorables à la supériorité du pape dans la direction de l'Église.

[29] PINAUD Pierre François, article « Premier Empire », *Encyclopédie de la Franc-Maçonnerie*, Paris, Le Livre de Poche, 2000.

[30] LIGOU Daniel, *op. cit.*

[31] *Encyclopédie de la Franc-Maçonnerie,* article « Garibaldi ».

[32] ROUSSE-LACORDAIRE Jérôme, *op. cit.*

[33] ROUSSE-LACORDAIRE Jérôme, *op. cit.*

[34] Édition commentée par Patrick Négrier, *Textes Fondateurs de la Tradition maçonnique 1390-1760*, Paris, Grasset & Fasquelle, coll. Les Écritures Sacrées, 1995.

[35] Laurence Dermott, *Livre des Constitutions de la très ancienne et honorable fraternité des maçons libres et acceptés*, cité par Charles Porset, article « *Grand*

Architecte de l'Univers», *Encyclopédie de la Franc-Maçonnerie*, op. cit.

[36] Charles Porset, *op. cit.*

[37] Édouard Maisonneuve, article «Spiritualité Maçonnique», in *Dictionnaire thématique illustré de la Franc-Maçonnerie*, Monaco, Le Rocher, 1993.

[38] *Landmark*: terme employé pour la première fois par Anderson; désigne originellement les bornes qui marquaient les limites des propriétés foncières; par extension, il en est venu à désigner les «principes immuables de la Franc-Maçonnerie». On parle des *anciens Landmarks* pour désigner les principes de fonctionnement de l'ancienne Maçonnerie Opérative.

[39] ROUSSE-LACORDAIRE Jérôme, *op. cit.*

[40] Extrait du n° 7 de la revue *Les Dossiers de l'histoire mystérieuse*: *«la Franc-Maçonnerie: 2e partie»*.

[41] Sur les Chevaliers de la Foi et la Maçonnerie, on se reportera avec profit, à l'article *«Bertier»*, écrit par Pierre Chevallier, du *Dictionnaire de la Franc-Maçonnerie*, Paris, PUF, édition de 1991; du même auteur, au tome 2 de l'*Histoire de la Franc-Maçonnerie française*, Paris, Fayard, 1974; à Alec Mellor, *Quand les Francs-Maçons étaient légitimistes*, Paris, Dervy, 1986; à Gérard Galtier, *Maçonnerie Égyptienne, Rose-Croix et Néo-Chevalerie*, Monaco, Le Rocher, 1989, et, naturellement, à Guillaume de Bertier de Sauvigny, *Le comte Ferdinand de Bertier (1782-1864) et l'énigme de la Congrégation*, Paris, Les Presses Continentales, 1948.

[42] CHEVALLIER Pierre, *Histoire de la Franc-Maçonnerie française*, t.2 *La Maçonnerie: Missionnaire du libéralisme (1800-1877)*, Paris, Fayard, 1974.

[43] Joseph Bonaparte est toujours Grand-Maître en titre, «empêché», et le reste jusqu'à son décès en 1844.

[44] COMBES André, *Histoire de la Franc-Maçonnerie au XIXe siècle*, tome 1, Monaco, Le Rocher, 1998.

[45] COMBES André, *op. cit.*

[46] Dernier exemple en date, l'article d'André Combes dans le n° 256, juillet-août 2001, de la revue *L'Histoire* «Février-juin 1848: la République Maçonnique».

[47] COMBES André, *op. cit.*

[48] GABUT Jean-Jacques, *Église, Religion et Franc-Maçonnerie: le dossier complet*, Paris, Éditions de Borée, 1998, p. 152.

[49] NAUDON Paul, *Histoire, rituels et tuileur des Hauts Grades Maçonniques*, Paris, Dervy, 1993, p. 61-62.

[50] *Le Régulateur du Maçon*, reprint, Rouvray, Éditions du Prieuré, s.d.

[51] Martinézisme: de Martinès de Pasqually (1710-1774), dont Jean-Baptiste Willermoz fut le disciple.

[52] GALTIER, Gérard, *Maçonnerie Égyptienne, Rose-Croix et Néo-Chevalerie - Les fils de Cagliostro*, Monaco, Le Rocher, 1989.

[53] MONEREAU, Michel, *Les Secrets hermétiques de la Franc-Maçonnerie et les rites de Misraïm & Memphis*, Axis Mundi, Paris, 1989.

[54] Pour donner un exemple de la difficulté à quantifier les effectifs d'une obédience: en 1990, le mensuel *Notre Histoire,* dans son n° 66, évaluait le GODF à un effectif de 30000 membres pour 500 loges; en 1997, le n° 48 d'*Historia Spécial* l'évaluait à 37000 membres pour 800 loges et, en 2001, le n° spécial 256 de *L'Histoire* donne à son tour 43000 membres pour 1000 loges. Soit une augmentation de 32 % des membres et de 50 % des loges en 10 ans! Ce qui paraît tout de même bien exagéré.

[55] Dans des optiques différentes, on signalera ici les livres de Bruno ÉTIENNE, *Une Voie pour l'Occident – La Franc-Maçonnerie à venir*, Paris, Dervy, 2000, et de Roland CLÉMENT, *La Politique et la pierre cachée – Le Grand Dessein de la Franc-Maçonnerie*, Chêne-Bourg, 2000.

[56] FAIVRE Antoine, article *«Ésotérisme»*, in *Dictionnaire critique de l'Ésotérisme*, s/d Jean SERVIER, Paris, PUF, 1998.

[57] YATES Frances A., *La Philosophie Occulte à l'époque élisabéthaine*, Paris, Dervy, 1987.

[58] Nous faisons référence ici à une étude de Christian Barbier, «*Un Sage à Mouterre: Oswald Wirth 1860-1943*» s.l.n.d.

[59] Sur les animateurs du renouveau ésotérique français à la fin du XIXe siècle, voir Victor-Émile Michelet, *Les Compagnons de la Hiérophanie – Souvenirs du mouvement hermétiste à la fin du XIXe siècle*, Nice, Bélisane, 1977.

[60] FAIVRE Antoine, article «*Tradition*», in *op. cit.*

[61] «*Quelques souvenirs sur René Guénon et les Études Traditionnelles*» (dossier confidentiel), C.R.E.T. n° 7, 1995.

[62] Sur ces épisodes, on consultera avec profit Marie-France JAMES, *Ésotérisme et christianisme autour de René Guénon*, Paris, N.E.L., 1981.

[63] ROMAN Denys, *René Guénon et les Destins de la Franc-Maçonnerie*, Paris, Éditions Traditionnelles, 1982.

[64] REYOR Jean, *Sur la Route des maîtres maçons*, chap. 10, «Initiation féminine et Franc-Maçonnerie», Paris, Éditions Traditionnelles, 1989.

[65] OTTENHEIMER Ghislaine & LECADRE Renaud, *Les Frères Invisibles*, Paris, Albin Michel, 2001.

[66] OTTENHEIMER Ghislaine & LECADRE Renaud, *op. cit.*, p. 343.

[67] OTTENHEIMER Ghislaine & LECADRE Renaud, *op. cit.*, p. 334.

[68] OTTENHEIMER Ghislaine & LECADRE Renaud, *op. cit.*, p. 340.

Déjà paru, dans la collection B.A.-BA

(2ème édition)

Alphabet divin, les symboles formulent les principes non humains ; ils écrivent l'Esprit avec les lettres de la Nature.

Le symbolisme est une espèce d'univers de *subtilité*. On n'y accède pas sans s'être, au préalable, affranchi de ses préjugés personnels et des sentiments inhérents au langage commun du monde sensible.

Ce B.A.-BA *des symboles* propose une véritable initiation à l'univers symbolique, par l'observation des principes et des formes qui régissent les cent vingt symboles fondamentaux qui ont été étudiés.

Le bagage, indispensable à la compréhension des traditions, est ramené au seul volume nécessaire. Ainsi, cet ouvrage offre la possibilité de saisir d'emblée le système de la perception *analogique* – donnée majeure – et le principe *intuitif* de compréhension, sans présenter au lecteur le surcroît des applications subsidiaires, le plus souvent strictement contingentes, qui ne feraient qu'encombrer son étude.

Les images mentales, supports de la réflexion, sont simplement indexées, mais également traitées selon une exposition suggérant tous les rapports, les parallèles, les relations et les affinités – clefs du monde des symboles.

Un choix de 550 illustrations précises vient enrichir le texte.

Déjà paru, dans la collection B.A.-BA

(2ème édition)

Ce B.A.-BA *de l'antimaçonnisme* présente les principales thématiques sur lesquelles reposent les accusations contre la franc-maçonnerie : secret, complot, subversion... La franc-maçonnerie est comprise par ses adversaires comme une société secrète perverse et malignement occulte, ayant pour objectif la domination du monde, même si elle fut, peut-être, à l'origine, une institution saine avant d'être dénaturée et détournée de ses fins par des manœuvriers de tous ordres.

Des exemples historiques particulièrement significatifs viennent illustrer et éclairer le large panorama de la question.

Deux grands courants alimentent l'antimaçonnisme : un courant politique et un courant doctrinal. Le premier développe surtout l'aspect de complot occulte; le second se dédouble en un antimaçonnisme religieux qui voit essentiellement dans la franc-maçonnerie une contre-religion satanique, et un antimaçonnisme « traditionnel » qui lui reproche son dévoiement des principes originels. Si bien que tous ceux qui font profession d'antimaçonnisme ne sont pas également opposés à la maçonnerie elle-même.

Solidement étayée par des documents de diverses provenances, cette étude impartiale ne favorise aucun aspect au détriment des autres, elle ne milite aucunement en faveur de celui-ci ou de celui-là. Elle présente des faits et invite à une lecture plus approfondie des données — seule manière de se faire une opinion sur ce phénomène discuté.

Ce livre, composé en « Garamond » corps 10, a été réalisé par l'atelier des éditions Pardès.
Achevé d'imprimer en octobre 2004 sur les presses de l'Imprimerie Fareso, Madrid (Espagne).
Précédent dépôt légal : novembre 2001. Dépôt légal : octobre 2004.